Über dieses Buch Die hier versammelten Dramen entstanden in den Jahren 1909, 1913 und 1914, gehören also zum Frühwerk Arnold Zweigs; sie spiegeln auf unterschiedliche Weise die Auseinandersetzung ihres Autors mit der eigenen Herkunft, den Problemen des Judentums sowie seine intensive Beschäftigung mit dem Zionismus wider.
Für sein wohl bedeutendstes Drama *Die Sendung Semaels* erhielt Zweig 1915 den renommierten Kleist-Preis; die geplante Aufführung durch Max Reinhardt am Deutschen Theater in Berlin wurde allerdings durch den Ausbruch des Ersten Weltkriegs und das Eingreifen der deutschen Militärzensur verhindert. Der Stoff des Dramas geht auf eine wahre Begebenheit zurück und erzählt von der Aufhetzung des Volkes gegen ungarische Juden, denen ein Ritualmord an einem jungen Mädchen angelastet wurde. Moritz, der Sohn des Synagogendieners, erklärt unter Folter, der »Zeremonie« beigewohnt zu haben. Die Premiere des Stückes erfolgte nach dem Sturz der Monarchie in Wien. Die Rolle des dreizehnjährigen Moritz Scharf spielte die junge Elisabeth Bergner. – *Abigail und Nabal,* eine im jüdischen Kulturgut wurzelnde biblische Tragödie, erzählt von »Abigails Klugheit«, mit der diese Frau in David den zukünftigen König Israels erkennt und ihn, gegen den Willen ihres Mannes Nabal, bewirtet. In *Die Umkehr* vollzieht ein zum Katholizismus konvertierter Jude die Rückkehr zum Glauben seiner Väter. Der Stoff der Fabel findet sich in Bubers Baalschem-Legende. In der Welt dieser Dramen spielt die Auseinandersetzung mit dem deutschen Antisemitismus keine Rolle, da Zweig in jenen Jahren im deutschen Antisemitismus nur ein drittrangiges Problem sah, während das zionistische Anliegen – der Aufbau Palästinas und die Rettung des Ostjudentums – im Vordergrund seines Interesses standen.

Der Autor Arnold Zweig, am 10. November 1887 in Glogau geboren, studierte Germanistik, Philosophie, Geschichte, Psychologie, Kunstgeschichte und Nationalökonomie in Breslau, München, Berlin, Göttingen, Rostock, Tübingen. Nach der Teilnahme am Ersten Weltkrieg in Serbien und Frankreich lebte er bis 1923 als freier Schriftsteller am Starnberger See, dann in Berlin. 1933 emigrierte er nach Palästina. Neben eigener schriftstellerischer Tätigkeit steht die Mitarbeit an zahlreichen Emigrantenzeitschriften. 1948 kehrte Zweig nach Berlin (DDR) zurück, wo er 1968 gestorben ist.
Im Fischer Taschenbuch Verlag sind außerdem erschienen: ›Junge Frau von 1914‹ (Bd. 1335), ›Erziehung vor Verdun‹ (Bd. 1523), ›Der Streit um den Sergeanten Grischa‹ (Bd. 1275), ›Das Beil von Wandsbek‹ (Bd. 2069), ›De Vriendt kehrt heim‹ (Bd. 5785), ›Westlandsaga‹ (Bd. 5835), ›Die Zeit ist reif‹ (Bd. 5827), ›Traum ist teuer‹ (Bd. 5876), ›Novellen um Claudia‹ (Bd. 5877), ›Die Feuerpause‹ (Bd. 5912), ›Einsetzung eines Königs‹ (Bd. 5913), ›Soldatenspiele‹ (Bd. 5914), ›Novellen. Erster Band‹ (Bd. 9127), ›Novellen. Zweiter Band‹ (Bd. 9128), ›Essays. Erster Band‹ (Bd. 9129), ›Essays. Zweiter Band‹ (Bd. 9130), ›Sigmund Freud / Arnold Zweig Briefwechsel‹ (Bd. 5629) und ›Lion Feuchtwanger / Arnold Zweig Briefwechsel‹, 2 Bde. (Bd. 5783 u. 5784).

Arnold Zweig

Die Umkehr

Jüdische Dramen

Fischer Taschenbuch Verlag

Ungekürzte Ausgabe,
erweitert um ein Glossar von Manuel Wiznitzer
Veröffentlicht im Fischer Taschenbuch Verlag GmbH,
Frankfurt am Main, September 1987

Lizenzausgabe mit freundlicher Genehmigung des
Aufbau-Verlags, Berlin und Weimar

Erstmals 1962 erschienen in dem Band ›Dramen‹
im Aufbau-Verlag, Berlin und Weimar

Umschlaggestaltung: Max Bartholl
Gesamtherstellung: Clausen & Bosse, Leck
Printed in Germany
1480-ISBN-3-596-25915-0

Inhalt

ABIGAIL UND NABAL

Tragödie
in drei Akten

Geschrieben 1909

Neufassung 1920

Personen

Nabal, *ein Reicher vom Stamme Juda*
Abigail, *eine seiner Frauen*
Silpah, *ihre alte Magd*
Achija, *der Verwalter des Hauses*
Drei Hirten *(ein Greis, ein Mann, ein Jüngling)*
Eine junge Magd
David, *ein verbannter Hauptmann aus Juda*
Joab
Drei Krieger
Wachen
Abner, *ein Oberster des Königs Saul* } *Nabals Gäste*
Ein Verhüllter (Saul) }
Hirten, Knechte, Mägde, Krieger Davids

Die Handlung geschieht im Gebirge Juda, in der Landschaft Karmel, vom Abend bis zum Morgen, in biblischer Zeit

Erster Akt

Vor Nabals Hof. Abend. Die Vorgänge des ersten Aktes begeben sich an dem großen Tore des Hofes um Nabals Haus im Gebirge Juda. Die Mauer der Umwallung ist hoch und aus großen Steinen ohne Mörtel gefügt, das Tor selbst nimmt nicht die Mitte des sichtbaren Teils ein, sondern ist ziemlich weit nach rechts gerückt, so daß die linke Seite der Mauer wesentlich länger ist als die rechte. Es ist zu erkennen, daß nach links der Erdboden abschüssig wird, ein Weg führt ins Tal hinab. Im Hofe selbst brennt ein großes Feuer, an dem Hirten ab und hin gehend sich beschäftigen. Vor der Toröffnung stehen Nabal, der Verwalter des Hauses, und die drei von David gesandten Krieger, um sie herum Hirten, von denen drei sprechen werden, Knechte und halbwüchsige Jungen. Hinten schneidet das lange Gebäude des Hauses als schwarzer Schattenriß das Gesichtsfeld ab; über ihm sind die ersten Sterne groß und funkelnd sichtbar. Zu beiden Seiten des Tores angeklammert rauchende Fackeln; eine dritte und vierte werden von Dienern gehalten. Nabal, groß, schwarzbärtig, reich in Grün gekleidet, gibt sich herrisch und kalt; die Krieger erscheinen räuberhaft vernachlässigt, mit erzenen Helmen und eisernen Waffen; das Ganze erweckt die Vorstellung eines rauhen, ja wilden und ländlichen Daseins.

Erste Szene

NABAL Laßt mich aus dem Schein der Fackeln treten. Niemals, dünkt mich, versprach das Blau des Abends eine bestirntere Nacht. Wer ist das, David, Isaïs Sohn?

VERWALTER *zurücktretend* Herr! Aus unserm Stamme doch, ein Stolz! Fürst von sechshundert, gebannt jetzt und friedlos vor dem Könige – doch Goliath, du weißt gewiß...

NABAL Mit der Schleuder und einem Kieselstein. Ihr sangt das Lied zum Überdrusse, viel Strophen und wenig Töne.

DER ERSTE KRIEGER Unser König erwartet mich, eine ganze Schar von Darbenden.

DER ZWEITE KRIEGER Nachtschatten auf unserem Weg!

NABAL Niemand hat euch gerufen. *Nach jedem Satz hält er inne, als entschlösse er sich nur schwer, weiterzureden.* Auch trug ich kein Verlangen nach seinem Schutze für mein Vieh; nun schickt er euch nach Weizen, Wein und Hämmeln, schamlos schwingt seine Faust ein Recht über meinem Kopfe. Er hat sich angemaßt, mir beizuspringen; – nicht ich bin der Schwächste im Lande Juda.

VERWALTER Seine Männer lagerten wie ein Zaun um die Herden des Nachts... Herr, die Hirten mühten sich allein auf den Weideplätzen!

DER ALTE HIRT Laß mich reden, ich bin der älteste deiner Hirten, unser Herr! Die Steppe brennt am Tage, schleudert Kälte des Nachts; ihr Atem trocknet in unseren Knochen das Mark zu dünnen Stengeln. Sieh diese dürren Arme; sie frißt an den Menschen, böse und gierig nach der Kraft der Männer. Ja – und Amalek lauert auf das Ziehen der Herden, Moab und die Ausgestoßenen Ammons auf schnellen Kamelen – weh über uns! Das Fünftel – oh, das Viertel deiner Herden bewahrten uns diese.

DER JUNGE HIRT Immer fehlten Hände. Ach, wie wir uns geschunden, soviel Schafe!

Nabal betrachtet indessen, vom Licht abgekehrt, die Sterne.

NABAL Schweigt! Ihr lehrt mich, was ich weiß: Knecht hält zu Knecht.

DER DRITTE KRIEGER Nenne uns nicht Knechte! Wir sind freie Männer!

VERWALTER Herr, der du zu uns milde bist: sei's auch zu ihnen. Ich wünschte, unser Gott hätte mich zu deinem Besten beredt gemacht. Was hundert, dreihundert verzehren: wenig Brot, Fleisch, Wein – gib's ihnen. O hör auf mich!

NABAL Ich kann den Priestern geben für den Altar und Tribut dem Könige fürs ganze Volk; ich kann die Armen stillen vor den Toren Maons. Hier aber – nein und nein. Ich sehe bewaffnete Bittsteller, fast Zinseintreiber auf einem freien Hofe. Nein, nein! Ich will verzeihen, daß er meinen Hirten sich aufgedrängt, nun, da er Entgelt verlangt – doch geb ich keine Gabe. Damit entfernt euch. Ich habe nichts für David, Isaïs Sohn.

DER ALTE HIRT Wehe mir!

Die Dabeistehenden flüstern unruhig.

DER ERSTE KRIEGER Fort mit uns! Erinnert euch dieser Worte. Auch du vergiß keins von ihnen, Nabal!

NABAL Über deine Eile! Feuer brennt, Fleisch zischt am Spieße, im Schlauche harrt der Wein des Trinkers: setzt euch zu meinen Hirten; seid Gäste, ihr drei. Jedem von euch sei ein Mantel gereicht, wenn ihr scheidet.

DER ERSTE KRIEGER *grimmig* Herr, spiele nur mit uns. Wir streuen kein Salz aufs Fleisch; mit Asche machen wir's schmackhaft. Kein Gastrecht zwischen uns und dir bis zum Tode!

NABAL *betrachtet den Krieger, zieht dem Verwalter ein krummes Messer in hölzerner Scheide aus dem Gurt und hält es dem Krieger hin* Das für die Warnung. *Läßt es fallen, da der Krieger es nicht annimmt, sondern es mit dem Fuße fortstößt.* Zu euch noch ein Wort, Knechte meines Hauses: Steinigung. Ich bin Richter hier. Ich sage: wer diesen Männern Vorrat mitgibt, einen Laib Brotes, eine Traube oder den Schenkel eines Lammes wider meinen Willen …

VIELE Herr! Herr! Wir nicht! Keiner! Du bist Richter hier!

NABAL Unten am Wege zum Brunnen laß ich euch eine Grube graben, Steine euch auflesen, auf das Haupt des Untreuen werfen, bis sie sein Grabmal sind, darum, daß er seinen Herrn verraten hat.

DER ALTE HIRT Nabal! Nabal! Wir dienen dir!

DER JUNGE HIRT Jahwe der Furchtbare sieht mein Herz!

ALLE Niemand! Niemand!

NABAL Gut so, gut für euch! Ich seh euch ganz – und ihr – ein wenig spürt auch ihr mich … hütet euch! – Nun endlich zu euren Mählern und auf eure Lager! Der Himmel ist schon ganz mit Sternen besprengt. *Zum Verwalter* Du weißt, daß meine Stunde längst anbrach. Was hast du noch? Die Mägde haben sicherlich schon meinen Leuchter entzündet, der sanfter und ruhiger brennt als diese rauchenden Flammen. *Er begibt sich seitwärts und setzt sich.*

DER ALTE HIRT *zu dem dritten* Ich habe keine Freude am Mahle diesen Abend. *Zu den Kriegern* Kommt ihr? Ihr wißt, ich wollt's euch gönnen. *Durchs Tor gehend* Mein Herz liegt wie ein Stein in der Brust... *Ab.*

DER ZWEITE KRIEGER *halblaut* Da sitzt er. Sein Aas wird unrein sein.

Alle drei gehen durchs Tor.

DER ERSTE KRIEGER An diesem Sitzstein hebt mich über die Mauer – beim Wiederkommen. David – ah!

DER DRITTE KRIEGER Geier solln ihm am eignen Tore den Bauch zerfetzen – noch diese Nacht. *Ab.*

Zweite Szene

Man vernimmt jetzt, da es still geworden ist, das Rauschen des Windes, der Himmel ist lange schwarz und voll von Sternen. Schweigt der Wind, so dringt ein Geräusch heran wie von vielen Tierfüßen, Hunde bellen, und Laute eines Liedes, Stimmen von Menschen werden vernehmbar. Nabal sitzt ganz gerade auf einem glatten und langen Felsstück an der Mauer, fern vom Lichte der Fackeln, die sehr qualmen. Er stützt den Kopf rückwärts an die Mauer. Der Verwalter tritt aus dem Tore zu ihm hin, nachdem er den Kriegern nachgeblickt hat.

NABAL Wirklich, dieser Nachthimmel ist wie das Antlitz Gottes, das er über die Erde hält. Er entschleiert es langsam, zeigt es zögernd den Menschen; weiß, daß sie's nicht begreifen können. Aus tausend schweigsamen Augen blickt er auf den Schlaf seiner Geschöpfe, und sein ewiger Atem geht lang: der Wind.

VERWALTER Sprachst du für mich, Herr?

NABAL Sage mir, Alter, ob ihr Arbeitenden auch bisweilen zu den Sternen aufblickt, damit eine Helle durch eure Seelen wehe.

VERWALTER Wir schaudern vor ihnen und senken die

Augen. Nur die Hirten, die im Freien wachen, betrachten sie kühn und geben ihnen Namen; ihnen und den Schiffern von Sidon zeigen sie den Weg.

NABAL So sind auch diese in Nützlichkeit gespannt und werden für euch zur Arbeit... Ein sonderbares Leben lebt ihr Nützlichen. In Chaldäa sagen sie, Götter seien die Sterne, und opfern ihnen.

VERWALTER Jahwe legte in uns den Trieb und rund um uns die Dinge. Ich sah noch nie einen Unnützen und Müßigen glücklich dahingehn.

NABAL Der Seher zu Rama, Samuel...

VERWALTER Sein Name helfe uns beim Herrn.

NABAL Er war sehr weise und ruht nun aus. Er nannte mich einen Unnützen. Ich bin's – und das ist's, was mich heiter stimmt. Höre doch, wie sie sich im Hofe rühren!

VERWALTER David macht das. Ich glaube, sie fürchten sich.

NABAL Heiß sie doch schlafen gehen und ihre Gemüter in Träumen entladen.

VERWALTER Ach Herr, Herr, warum hast du dem Jüngling die bittende Hand nicht mit Korn gefüllt! Wie sanft käme uns allen die Nacht!

NABAL Ich sehe nichts Unsanftes über uns im Dunkel, Fänge oder Klauen. *Schweigen.* Und ich sah auch keine bittende Hand. Ich bin nicht der Widder unter des Scherers Schere, der nutzlos läßt die Kraft des gewundenen Horns, und nicht der Weinstock, der alle Trauben dem Winzer hergibt.

VERWALTER Ist er nicht flüchtig, ein Gebannter fast ohne Macht? Zwar führt er Hunderte mit sich.

NABAL Herrschen will er – wie arm! Ich verachte ihn nicht, der ich teilhabe an jedem Geschöpf Gottes, ich lasse ihn gehen. Aber ich wohne nicht in seinem Schatten, und er reibe sich nicht an mir. Ich hänge still über meinem Herd, alter rußiger Kessel, und nun ist der Knabe an mir schwarz geworden. *Er lacht kurz.*

VERWALTER Du lachst, und mir hämmert die Brust... *Nabal droht ihm mit dem Finger.* Die zuckende Fackel bedrückt mein Herz... Wenn er dennoch käme? Es gehen Lieder von seinem Zorn.

NABAL Ich lege hernach mein bestes Schwert aufs Kissen. Kammern hängen voll von Bogen und Speeren. *Mit der flachen Hand die Mauer schlagend* Sieh: hoch genug! Und Feuer im Hofe die ganze Nacht!

Schweigen. Man hört die Herde deutlich und Gesang.

GESANG
Kein Gesalbter wälzt uns vom Brunnen den Stein,
Bote Gottes nicht schwingt sich zum Brunnen herab,
Hilflos bin ich und einsam ganz,
Nur der Wind rührt leicht an den Sand der Wüste.

NABAL Singen sie immer so traurige Weisen?

VERWALTER Meist. Dieses Lied lernten sie von Abigail. Aber dabei sind sie guten Mutes.

GESANG
Länger nicht steht ferne, Töchter Reguels,
Weichet nicht, Hirtinnen, vom Kreisrund des Brunnens.
Seht, ich wälze hinweg den Stein,
Eh noch die Sonne rührt leicht den Saum der Wüste.

VERWALTER Es ist das Lied von den Töchtern Reguels. Dies war die Antwort Moschehs.

NABAL Das scheint mir ein Lied nicht von Moscheh... Wissen die Frauen solche Weisen?

Schweigen.

VERWALTER Herr, du schaltest den Sohn Isaïs um Herrschaft willen. Wenn aber einer käme, dich über das Volk erhöhen? *Nabal lacht.* Herr, im Ernste...

NABAL Ich würde ihn dir senden, damit du ihn unterwiesest. Wer denn ordnet hier im Hause von jeher?

VERWALTER Ich, Herr, und seit sie bei uns ist, Abigail. Diese Frau hat gewiß eine starke Seele...

NABAL Laß das. Ich bin nicht so schamlos, von den Seelen derer zu reden, die um mich sind. Ich gebiete nicht, und dennoch, wie das Wasser den Bach entlang, eilen eure Gedanken zu meinem Besten hin. Ich aber bin frei von euren Taten, und ihr selber tragt sie auf den Schultern wie Werkzeuge.

VERWALTER Ach, es ist so... Und wie oft drücken sie mich wund! Aber dein Gut wächst.

NABAL Hier bin ich frei, ein Mächtiger ohne die Torheit des Herrschers, der gebunden ist, weil er befiehlt, da eines immer das zweite gebiert.

VERWALTER König Saul hat viele Mühe. Aber auch große Ehre, Herr.

NABAL Doch als er bei Jabes Gilead stritt, war er ein fröhlicher Mann, und heute fährt er im Lande umher wie giftiger Wind. Hat er Diener wie ich? Achija, alter Knecht des Hauses: lege den Finger auf die Narbe deines Ohres!

VERWALTER Ich sprach zu deinem Vater, als die Posaunen des Halljahrs »Freiheit« schrien: Nicht fortgehen will ich, sondern hierbleiben, wo mein Dienst war von Jugend an, so wahr mir Jahwe helfe! Denn der Pfriem schmerzt im Ohre, aber die Luft deines Hauses ist süßer und heilsamer als des Meeres Luft, als die Luft des Libanon. Und er nahm mich an, bohrte sacht mein Ohr an den Pfosten, und hier will ich sterben. Laß mich dein Gewand küssen, o Herr! Denn die Erinnerung ist stärker als mein altes Herz.

NABAL Nicht beugen, alter Mann! Nun weißt du, ob ich brenne, König zu werden! *Er lacht.*

VERWALTER Wohl mir! Ich fürchtete mich vor meinen Worten zu dem Boten am Mittag.

NABAL Ein Bote?

VERWALTER Als du schliefest. Er sprach stolze Worte: Der kleine Hund von Juda solle nicht Krone tragen, solange Reiter seien in Benjamin.

NABAL Und du wagtest es? Du befragtest ihn, ein Knecht meines Hauses?

VERWALTER Herr, Herr! Darf ich zu dir treten vor Nacht? Hast du mir nicht geboten: Vernimm jede Stimme? Führe niemand zu mir, den ich nicht begehrte?

NABAL Wahr! Wahr! So kehren meine Worte sich wider mich! Seine Rede?

VERWALTER Reiter lagern in der Regenschlucht, ihre Führer sahn dich bei Jabes im Streit lachen. Sie wollten bereden geheim und nächtlich, was dir einst golden das Haupt umrunden solle, in der Sonne und vor allem Volke.

NABAL Du hast für mich denken wollen auch hier! So beschreitbar werden die Wege meiner Gedanken? Geh hin und hole sie. Auf dem Dach meines Hauses will ich ihnen antworten.

VERWALTER Sie lagern in der Schlucht bis morgen früh. Meine Stimme zittert – nicht vor Furcht. Vor Freude, Herr...

NABAL Dir aber, alter Mann, rate ich, ein Gefühl zu schärfen in deiner Brust und den Ablauf der Tage zu scheiden von dem, was ihn bricht.

VERWALTER *neigt sich* Vergib mir, Herr.

Nabal nickt ihm zu und geht. Innerhalb des Tores begegnet er einer Frau, die von zwei Mägden gefolgt ist, einer alten und einer ganz jungen. Er geht rasch an ihnen vorüber, ohne sie anzusehen. Sogleich wird innerhalb der Mauer alles ganz still. Innerhalb der völligen Stille tritt die Frau, Abigail, hellgewandet und schlank, zu dem Verwalter ins Licht.

Dritte Szene

ABIGAIL Ist's glaubhaft, Silpah, daß manchmal auch ein solches Tor zu schmal wird? – Warum verschweigt ihr mir, wenn das Haus Gäste hat?

VERWALTER Wir haben keine neuen Gäste, Abigail.

ABIGAIL Es sitzen fremde Männer bei den Hirten am Feuer. Sie haben Wolfsaugen und Narben auf den Armen. Ich trug keinen Schleier vor meinem Munde.

VERWALTER Sie kamen als Bittende, aber sie wären besser daheim geblieben. Sie hatten uns in der Wüste gedient; jetzt hungern ihre Gefährten, aber der Herr sagt nein.

ABIGAIL So sind sie jetzt unmächtig? Habt ihr einen Mantel?

DIE JUNGE MAGD Nimm, Herrin, mir ist nicht kalt. *Hängt ihr das eigene Überkleid um.*

VERWALTER Deine Aufträge sind erfüllt. Die Lämmer bleiben bei ihren Müttern. Das Korn soll morgen gemessen werden und in Schläuche aus Ziegenhäuten gefüllt. Den Knecht, der das Brot stahl, wollte ich peitschen lassen. Er weinte und schwor, er habe es vor Hunger getan.

ABIGAIL *nach einem Schweigen* Er ist wahr, sein Schwur. Die Rinderhirten, seine Feinde, gaben ihm keine Speise.

VERWALTER Herrin, ich muß in Eile davon. Was ist ferner zu tun? Was ist Neues im Haus?

ABIGAIL So mache dich auf deinen Weg. Ist unser Tun so wichtig, daß die Sonne morgen nicht aufginge, wenn wir's versäumten? Ich zweifle daran. Ich sah sie eben untergehen; sie tauchte ins Meer wie ein flammender Gott. Mir war, als hörte ich ein ungeheures Getöse. Hinter den Wolken brannten tausend Feuer; die Berge lagen in einer schwarzen Reihe auf den Knien, sie bückten sich wie Riesen, und den Kopf am Boden, beteten sie die Sonne an. Meine Seele war bei ihnen, Achija, und sie ist noch nicht wieder hier... Mag Silpah sagen, was not tut. *Sie schreitet nach links und kommt wieder zurück.*

VERWALTER Sage mir, was sie meint!

SILPAH Laß sie, laß sie, schone sie! Die Chiska soll morgen noch ruhen, aber übermorgen laß ich sie aufstehen und leichte Arbeit tun und ihr Kind säugen.

ABIGAIL *wieder bei ihnen* Der sidonische Fremdling, der Kaufmann, dessen Fuß zerbrochen ist, saß auf dem Dache des rechten Hauses; er streckte die Arme nach ihr aus und rief sie Melkarth und Baal Khamon. Er betete zu ihr; dann trugen ihn seine Neger hinab.

VERWALTER Er ist Jahwe ein Greuel. Er soll davon, sobald er reisen kann.

ABIGAIL Die da drinnen sind trunken von frischem Fleische. Geh hin und mache, daß sie still sind. Oder quält mich das Wesen besonders laut heut abend? Ich will hineingehen. Bleiben die Krieger über Nacht?

SILPAH Dann verriegle ich das Frauenhaus und binde die Hunde vor die Türen.

VERWALTER Ich wünschte, sie blieben. *Zur jungen Magd* Laß Pallu zwei Maultiere satteln und acht Fackeln vor den Bug des Tieres binden.

ABIGAIL Wohin reitest du so spät?

Der Lärm im Hof schwillt zu Geschrei.

VERWALTER Wichtige Botschaft. *Die Hand am Mund* Ein Verbot liegt auf mir. – Ich muß das Volk drinnen peitschen. *Er zieht eine Geißel aus dem Gurt und läuft zum Tor.*
SILPAH Schande über sie!

Vierte Szene

Ein Haufe Menschen bewegt sich vom Hintergrunde schnell auf die Toröffnung zu und quillt aus ihr heraus; ganz vorn die drei Krieger; der alte Hirt hält einen, der junge trägt auf den Armen drei zusammengelegte Mäntel.

DER ERSTE KRIEGER *schreiend* Alle verreckt ihr!

Die Menge schreit entsetzt.

DER ALTE HIRT *jammert* Nein, nein! Ich lasse dich nicht!
DER ERSTE KRIEGER Alter Hund! *Er reißt sich los, so daß der Alte zu Boden fällt.* Lieg da, bis wir kommen!
DER JUNGE HIRT Das Geschenk! Seid gnädig!
DER ZWEITE KRIEGER Wir holen's noch! Sechshundert Mann! *Schlägt es ihm mit dem Speer aus der Hand.*
DER DRITTE KRIEGER Grüßt den Herrn!
DER ERSTE KRIEGER Hinab, hinab!

Sie verschwinden rechts im Dunkeln; man hört Gelächter und Schritte.

ABIGAIL *bis zur Mauer zurückgewichen* Sind das Dämonen, die so gräßlich lachen? – So helft dem Alten doch, greift zu!
DER ALTE HIRT Ich kann nicht stehen. Meine Beine zittern. Sie wollen uns alle ermorden!
DER JUNGE HIRT Wiederkommen und alle erschlagen!
VIELE David! David! Hunderte Krieger! *Die Worte gehen über in lautes Jammern.*
DER JUNGE HIRT Alles Männliche muß ins Grab. David kommt mit Feuer und Tod! Mein Leben ist hin ... so jung ...

ABIGAIL Der junge David? Ist er denn so entsetzlich? Mich schaudert.

VERWALTER Ein Verzweifelter, ein Gesetzloser! *Die Brust mit den Händen schlagend* Und ich muß davon! Furchtbares bricht über uns herein!

DER ALTE HIRT *kniend* Jahwe, Jahwe! Ich bin in deinem Bunde. Ich habe den Sabbath geheiligt und nichts Unreines verzehrt. Höre mich, Herr, höre mich! Laß mich noch auf der Erde leben! Ich bin ja nur ein Knecht, aber höre mein Gebet, Gewaltiger, Gnädiger, Lebendiger, Stärkster! Das Schwert ist schon über meinem Haupte! Es fährt kalt in mein Fleisch. Ich will kein Fleisch mehr essen. Ich will nie mehr ein Lamm töten. Oh, oh... *Er bricht in Tränen aus.* Es ist gräßlich, schon zu sterben!

ABIGAIL Wie alt muß man werden, des Lebens satt zu sein? Aber das hängt an seinem kargen Dasein. *Zu den Knechten* Schweigt doch! Laßt uns an Hilfe denken! Ich zittre auch, mein Herz ward schwach, aber dennoch muß Hilfe sein.

Die Leute laufen hin und her, ratlos durcheinander.

DER JUNGE HIRT Ach ihr! Ihr bleibt ja am Leben! Euch führt er nur mit sich. Aber wir Männer! Da! Dort sitzen schon welche mit Bogen und Pfeil!

DIE KNECHTE Flieht, flieht in die Berge!

VERWALTER Heil mir, es ist Hilfe: Reiter des Königs! Ich hole sie! Hierher mit euch, in den Hof!

ABIGAIL Schande über euch: Schweigt, daß man Achija höre!

VERWALTER Ein Hauptmann des Königs wird den Hof verteidigen, die Mauer ist hoch. Wo lagern die Räuber? Wer weiß den Ort?

DER ALTE HIRT *kommt wieder vor, auf einen Knaben gestützt* Am Eichenbrunnen, vom Dache mag man ihre Feuer sehen.

VERWALTER *leise vor Entsetzen* Seele meines Vaters! Und ich bin bei den Königsmännern erst vor Mitternacht!

DIE LEUTE *schreien* Wehe! Kein Helfer, kein Retter!

Ein Mann drängt sich durch die Menge der Knechte, eine Fakkel in der Hand.

VERWALTER Pallu? Die Maultiere warten, und ich sehe keinen Weg!

ABIGAIL Geht all das um nichts als Fleisch?

VERWALTER Ich sagte dir's... Und wo soll ich nun hin?

ABIGAIL So nehmt doch! Eilt zu den Eichen! Aber ihr jammert, statt zu handeln wie Männer.

VERWALTER Der Herr hat Steinigung darauf gesetzt, geschworen zu steinigen, der von seinem Gute nimmt! Und wie sollen wir Knechte an seinen Willen rühren! Wagst du es – *zu den Hirten* – oder du? Auch du nicht? Sieh, Frau, alle weichen zurück.

ABIGAIL Ihr tätet es doch für ihn! Bewahrtet vor Flammen sein Haus, vor Vernichtung seine Herden, seine Knechte vor dem Schwerte, ihn selbst vorm Tode!

VERWALTER Der Schwur des Herrn – wer sind wir! Er hat seinen Willen gesprochen uns ins Ohr – und wir gehorchen. Wir sind seine Knechte. Lieber sterben mit ihm.

ABIGAIL Denkt doch nach! Denkt doch nach!

DER ALTE HIRTE Es hülfe zu nichts. Sie sind zu gierig nach unserem Blute.

ABIGAIL Fallt dem Jüngling zu Füßen und küßt sein Kleid. Bittet ihn flehentlich, beschwört ihn bei Vater und Mutter. Findet die rechten Worte – es gibt Worte für jedes Menschen Herz; nennt ihn König und Gottes Freund... Wollt ihr denn nichts tun? Wie Gebundene und Kühe warten, daß euch einer erschlage? Beim Gotte Judas, ehe ich dies ansehe... ich schürze mein Kleid und führe die Hämmel bei den Hörnern, ich selbst, zu David!

DER ALTE HIRT *nach einem Augenblick völliger Lautlosigkeit* Ja! Ja! Tue so! Flehe ihn an! Rette das Haus!

VIELE Herrin, Herrin! Gelobt sei unser Gott! Abigail befreit das Haus! Wir werden nicht sterben!

Silpah drängt einige beiseite und steht vorn, neben Abigail.

VERWALTER Treibst du mit ihnen Spiel?
SILPAH Laß mich deine Augen sehn. *Dicht bei ihr* Abigail! Besinne dich! Du bist ein Weib, du bist Nabals Weib!
ABIGAIL Als ich es aussprach, wußte ich nicht, was in meinen Mund kam. Kann sein, daß ich erschrak, als diese jubelten. Aber jetzt weiß ich es: es ist die Hilfe.
DER ALTE HIRT Laß es dich nicht erschrecken, Herrin!
STIMMEN Verlaß uns nicht, Deborah!
ABIGAIL Es wäre ein Letztes – soviel ist wahr!
DIE JUNGE MAGD Geh dennoch hinab, Herrin. Und nimm mich mit dir, daß ich bei dir bin, Liebe! Es muß wunderschön sein, vielen wilden Männern vor Augen zu stehen und ihren Führer mit Blicken zu zähmen. Laß mich bei dir sein, dieses Mal!
SILPAH Du Schandmaul! Du Hündin! Gib mir die Peitsche, Achija!
ABIGAIL Bringt sie ins Haus.

Zwei Knechte schleppen sie weg.

DIE JUNGE MAGD Mein Arm! Mein Arm! *Verschwindet.*
VERWALTER Schließt ihr den Mund! *Zu Abigail* Wir wahren unsere Frauen im Hause selbst, solange die Sonne scheint; und du willst – des Nachts?
ABIGAIL Sage mir nur noch, daß ich auf Lust ausgehe. Was ihr zu Worten macht, ich fühl's, noch ehe ihr es sprecht, hier innen, wie Schmerzen. Schweige, Silpah! Denk ich, daß ich zu einem Fremden mit Worten meines Herzens reden soll, so schaudert mich... daß meine Stimme, meine Augen... still, still!
SILPAH Warum, warum?
ABIGAIL Ich habe keine Wahl. Ich sehe die Ställe verbrannt und das Vieh weggeführt; tot die Knechte – *die Leute schreien* –, Achija mit blutigen Haaren; die Mägde gefangen und die Kinder, die kleinen Kinder, verlassen – mein Blut braust auf!

VERWALTER Aber Nabal! Gedenke des Richters! Er steinigt dich!

ABIGAIL Ich nehme vom Gute, das ich von meinem Vater brachte. – Morgen nicht mehr sehen, wie die Sonne glorreich sinkt des Abends? ... Aber ich erschrecke nicht! Nur: schnell sterben, nicht lange leiden. Ihr werdet mir die Augen verbinden. Dann wirfst du – *zum jungen Hirten* – den ersten Stein nach mir und triffst gut; ich halte dir meine Schläfe hin, und du hilfst mir sogleich. Ich denke mir dieses aus – und noch fühle ich keine große Angst ... Wirst du es tun? Wie fremd blickst du mich an!

DER JUNGE HIRT Ich werde es tun und dann mein Leben Jahwe weihen. Hab ich dich je gesehen? Ich habe dich noch niemals angesehen.

Silpah wendet sich ab.

ABIGAIL Ich bin jetzt ganz ohne Furcht! Sie wird kommen mit dem Tode, denn ich bin nur ein Weib; aber jetzt halte ich meine Seele mit beiden Händen. Endlich ein Werk, wofür ich aufgespart bin. Ah, ah, ich atme tief, und Kraft strömt mit dem Winde in meine Brust.

VERWALTER Und du fürchtest nichts, wenn du dort hinabgehst? Du bist jung und ein schönes Weib ...

ABIGAIL Er ist ein Sohn Judas. Es ist nicht erhört, daß jemand einer Frau Gewalt antut, die seines Stammes ist. Gebt mir einen von diesen Mänteln. Wie rot sie ihn gefärbt haben! *Sie läßt das Gewand der Magd fallen und hüllt sich in dieses.*

SILPAH Denke nicht, daß ich dich allein dorthin lasse. Ich weiß, daß ich unrecht tue. Aber was willst du? Mir ist, als wär diese da aus meinem Leib ... *Küßt ihre Hand.*

ABIGAIL Silpah, meine alte Helferin!

DER JUNGE HIRT Ich gehe, wohin du mich heißest.

DER DRITTE HIRT Ich bin Nabals Knecht, aber du bist sein Weib. Nicht ohne Schutz sollst du dorthin kommen. *Indem er nach links vorn beiseite geht* Ich bin ein Linkser, aber meine Linke taugt zu mancherlei ...

Er spricht leise zu einem Knechte, der das Messer, das Nabal vorhin zur Erde warf, in der Hand hält. Jener reicht es ihm, er prüft aufmerksam Schneide, Spitze und den starken Rücken, nickt, indem er einen kurzen Pfiff ausstößt, läßt sich die hölzerne Scheide geben und verbirgt es unter dem Gewande, an der linken Hüfte, dort, wo ein Gurt es umschnürt.

DER ALTE HIRT Ich will das Gut bereitmachen und deine Wiederkehr am kleinen Schaftor erwarten, wach. Uns Knechte machte Jahwe aus Lehm. Aber du stammst von den Kindern der Söhne Gottes, als sie bei Menschenfrauen schliefen.

VERWALTER Und mir zur Rückkehr öffnet das große Tor. Will's Jahwe, so geht alles zum Guten aus. Mir graut vor Nabals Zorn...

ABIGAIL Wenn die Sonne uns morgen aufgeht, trete ich vor Nabal und lege Rechenschaft ab. Denn ich führe seine Sache. Dann will ich eine Geweihte sein und die Folgen dieser Taten auf mich nehmen. Ihr aber sollt in meinem Schatten stehen, und sein Zorn wird keinen verbrennen – außer mir. Ich aber – was liegt an mir? Ich bin bereit.

Zweiter Akt

Gegen Mitternacht. Schlucht mit dem Brunnen der sieben Eichen. Das Lager Davids. Feuer brennen in einer Schlucht, gebildet von hohen Felsmauern, die von hinten nach vorn gehend die Szene darstellt. Am Himmel zwischen den Felsen funkeln Sterne um den sichelförmigen, schmal gekrümmten Mond, der die gelbliche Farbe des Untergehens hat und schon tief steht. Vorn erweitert sich die Schlucht zu einer Art kleinem Kessel, in dem ein Brunnen, eingefaßt von rohem, niederem Gemäuer, einen ungefähr runden Ring bildet. Um ihn wachsen Eichen, immergrüne große Bäume ohne viel Unterholz, die dem Brunnen den Namen geben; von den sieben Stämmen sind drei sichtbar, die anderen ziehen sich rechts hin. Das Lager des Heeres zieht sich in die Schlucht hinein, vorn am Brunnen brennt das Feuer der Führer. Jetzt ist es umringt von einem wirren und dichten Haufen von Kriegern, die beiden Hirten stehen vor David, einem noch jungen, leicht bärtigen Manne in kupfernem Panzer, dessen langes Haar ohne Helm sein kühnes Gesicht umhängt. Neben ihm lehnt sich sein Unterführer Joab, gepanzert und in spitzem Helm, auf das große Schwert. Der Himmel ist schwärzlichblau, und der Widerschein der Feuer rötet den Rauch und die Felsen mit flatternden Lichtern.

Erste Szene

JOAB *zu den Hirten* Kommt ihr auch ohne Waffen? Oder verbirgt einer irgendwo ein Schwert?

DER JUNGE HIRT Wir haben keine Waffen.

JOAB Auch die Frauen nicht? Könnt ihr schwören?

DAVID Hole sie! Führe sie zu mir. Macht Platz, ihr da.

Alles weicht abseits; Abigail kommt von rechts heran, geführt von Joab.

KRIEGER *während sie kommt* Wie stolz sie sich hält! Sie geht wie ein gutes Roß. Und eines Mannes Mantel hat sie um die Schultern, purpurrot!

Zweite Szene

DAVID *ihr entgegen* Was tust du Verwegenes an diesem Orte zur Nacht?

ABIGAIL *verschleiert* Ich bringe dir Nahrung zu nach deinem Willen – laß mich zu deinen Füßen liegen, Herr, Herr!, und dein Gewand fassen. So wahr dich der Seher gesalbt: höre mich! Wenn sich um deine Stirn dereinst die Krone dehnen soll: laß mich zu dir reden!

DAVID Flehtest du so auch euren Nabal? Steh auf, Weib! Da gab's Zeit zu knien, jetzt: zu fechten.

ABIGAIL Soll ich nicht hier knien? Wenn nicht meine Gebärde für mich zeugt, wer wird es tun? Denn wenn du streng blickst und harte Worte zu deiner Magd redest, erstickt meine Stimme, ehe sie von den Lippen kommt...

DAVID *behindert* Ich will nicht leiden, daß du mir zu Füßen liegst! Kann so nicht reden, wie ich muß. *Heftig* Steh auf!

ABIGAIL *stehend* Nun ist aller Mut dahin. Ich hatte noch nie um diese Stunde das Haus verlassen; Schreck saß in jedem Schatten der Steine... Der Wolf heulte irgendwo... *Schwach* Silpah... ich fürchte mich... – *Sie verbirgt ihre Stirn auf Silpahs Schulter.*

DAVID Wie deinesgleichen schnell verzagt... Ich will nicht rauh sein. Ich will dich hören.

ABIGAIL Ja, David, ja! Und laß mich allein zu dir reden; alle diese Horcher, die mich verwirren...

JOAB Sind wir dir unwillkommen? Weiber, vom Feinde geschickt, können wohl Dolche unter dem Mantel haben.

ABIGAIL Was für ein Mensch bist du, daß du Unbekannte so schmählich schimpfst?

JOAB Ein Krieger, der die Listen kennt. Jene Kenitin war weniger kühn als du, hatte nicht des Nachts ihr Haus verlassen.

DAVID *zu Joab* Sie schlachten die Hämmel? So ist's geschehn. Geh hin und sättige dich, Lieber. Seien die Alte und ihre Hirten bei dir wie Gastfreunde. Fort jetzt, Gefährten.

SILPAH *leise* Nimm den Schleier vom Gesicht, damit du es leichter habest.

Abigail streckt abwehrend die Hand aus.

DAVID Doch dies noch, Joab, eh du gehst: hilf mir vom Panzer, ja? Und hier: nimm Helm und Schwert.
JOAB *zuckt die Achseln* Du bist sehr tapfer, David.

Alle ab.

ABIGAIL Ich danke dir, ich atme auf! Stehen hier Zeichen von Mord und blutiger List? *Entschleiert sich.*

Dritte Szene

DAVID Ah, dein Gesicht... Ich vernahm deine Stimme und tat den Panzer ab; ihr mag man wohl vertrauen. Aber dein Gesicht ist das Siegel drauf.
ABIGAIL Herr! Laß genug sein daran, daß dein Knecht mich demütigte.
DAVID Mein Freund, Frau. Er ist klug und treu, Joab; ich muß ihm viel zugute halten – laß dich's nicht ärgern.
ABIGAIL Langmut für den Freund, Großmut...
DAVID Nein! Auf Schimpf die geballte Faust! Sprich für Nabal, sprich! Ich brenne zu hören, wie du's verteidigst, du – dies höhnische Tier. *Er setzt sich auf den Brunnenrand.*
ABIGAIL Nicht für ihn: ich rede für dich, David, für dich... Sollst du nicht König werden von Juda, von ganz Israel? Aber Nabal ist aus Kalebs Haus, und der Stamm ist stolz auf Kaleb und sein Haus. Tötest du den Erstgeborenen von Kaleb, so hast du die Alten von Hebron gegen dich, und dein Königtum liegt weit. Hast du's bedacht?

David liegt ausgestreckt auf den Steinen und blickt, den Kopf auf die Arme gestützt, empor in ihr Gesicht.

DAVID Wie eifrig du redest mit den hellen Zähnen! Willst du meinen Weg anleuchten mit deiner Klugheit? Dank für die

Müh, er ist gezogen. Doch immerhin: die Alten Hebrons – und Kalebs Haus...

ABIGAIL Sieh fort von mir, ich bitte dich. Ja, du willst Blut deines Stammes gießen auf die Erde. Gedenke Kains! Es schreit vom Boden laut auf! Wenn sie zu Jahwe Rache rufen, hört er dieselben Laute wie aus deinem Mund und richtet – keiner weiß wie; wenn du auch meinst, du seiest sein Freund.

DAVID Lästere nicht. Ich bin nichts als der mühselige Knecht, aufgerufen, sein Feld zu pflügen. Es ist viel düsteres Blut hinter meiner Ferse, ach ja!

ABIGAIL Leid auf dir – Leids genug! Vermehre es nicht leichthin, Herr, um nichts – um Nabal! Wer ist Nabal, daß er dich erzürnt? Schon Zorn zerbeißt deine Seele wie Rauch, so füge keine Tat hinzu. Gefühltes, Herr, geht dahin; Taten aber tragen Last herbei – Last auf dein Herz. – Sieh nicht so auf mich!

DAVID *geschmeidig herabgleitend und vor ihr stehend* Wie du lebendig glühst! Wie deine Seele dir die Augen durchdringt! Frau, ich höre alle deine Worte und höre sie doch nicht! Wär's wahr, daß du um meinethalb so fühlst und sorgst? Aber welch Los ward dann geworfen und traf diese Nacht! Welch gutes Los auf die Not, da ich Boten aussandte um Fraß – zu meiner Schande, wie es schien? Deinen Namen, Frau! Ich muß dich nennen!

ABIGAIL Keinen Namen! Ich heiße: fremd auf immer.

DAVID In die Namen hat er Macht eingeschlossen. Ich muß ihn kennen.

ABIGAIL Auch ich... fürchte, David, daß sie zauberhaft sind und am Wesen teilhaftig.

DAVID Du bist übermächtig, da du meinen besitzest. Zögere nicht, zögere nicht!

ABIGAIL Er ist abgebraucht, es hat ihn einer in Mißbrauch genannt. Er hat allen Klang verloren.

DAVID Ich kann ihn so aussprechen, daß er als neues Ding geboren wird. Ich will ihm einen neuen Ton geben wie im Lied.

ABIGAIL Schweige, schweige. Das kann nur Asrael, wenn er die ruft, die sterben sollen.

DAVID Dich nicht – lange, lange! Du wirst im Schatten der

Rosen altern, ich ergraue verwüstet von endloser Arbeit. Gut, so sei's!

ABIGAIL Ist es so? Der Wind duftet herb vom Laube der Eichen. Wie oft in solchen Nächten saß ich Einsame steil auf dem Dach des Hauses! Alle schliefen, und ich mußte ganz allein über die nachtschwarze Erde starren, dorthin, wo ein bleicher Mond hing...

DAVID Du? Dies auch? Lag ich nicht auf dem Stein derweil mit dem Nacken, durchfrostet vom Feldhauch, zitternd erwärmt von meinen Schafen, gewärtig einer Stimme, die mich anschrie um Unmögliches in meiner Seele? Und ratlos in mir alles, qualvoll: kein Mensch, der mich warm ansprach – leer, leer! Das ist Ausschau nach dem Freund, du, ja?

ABIGAIL Nie, David, nie fühlt der Mann, der freie Schreitende, was wir Frauen wissen. – Leid und Alleinsein! Wahrhaftig, es ist ein Gift in der Luft dieser Nacht...

DAVID Kamst du nicht her, mit mir zu ringen? Wolltest mir etwas abgewinnen: und nun? Was begehrst du jetzt? Noch immer Kampf?

ABIGAIL Still sein, stumm sitzen und lauschen, wie der Wind weht... Glaubst du, daß ein Leben Sinn hat? Ich glaube es nicht mehr. Ich weiß vielmehr: nein!

DAVID Ein Los fällt, wenn ein Stern dem Himmel entgleitet!

ABIGAIL Ich tue jeden Tag viel absichtliche Dinge. Aber manchmal möchte man die Hände hinlegen, ohnmächtig, weil man gejagt wird: sinnlos.

DAVID Nicht gejagt: geführt! Nicht sinnlos: nach einem Plan! Nach einem Auftrag – ganz gewiß! Viel ward hell hinter mir: eine Hand furcht Wege in den Sand, ein Finger zieht mächtig unsere Furchen. Dir auch – ich seh's dir zwischen den Augen. – Deinen Namen! Ich muß endlich deinen Namen aussprechen!

ABIGAIL ...Abigail.

DAVID Abigail! Zwingt nur deine Stimme so... atmend, die mich weckte? Aber horch: Abigail, sage ich, und es fliegt wie Nachhall der Harfe...

ABIGAIL Ich will das nicht leiden. Ich darf das nicht leiden. Soll ich aufstehen und zu meinen Knechten gehen? Gönnst du mir nicht das Glück, daß endlich einer groß genug ist, nicht jede Stimme mit Mißtrauen zu hören, die vor Wahrheit bebt?

DAVID Bist du die Tochter Nabals, Mädchen?

ABIGAIL *erschrickt, verbirgt ihr Gesicht in den Händen* Oh, wenn ich's wäre!

DAVID Dein Bruder, der die Schwester dem jungen Feinde zuführt, weil Anmut eine klügere Waffe ist als Schleuder und Gift?

ABIGAIL Du quälst mich mit Bränden, David!

DAVID Welcher Frauenhand hat Nabal sein Leben oder Sterben anvertraut, wie einen Ring mit schwarz und weißem Stein? Du bist doch nicht –

ABIGAIL *hart* Ja, Herr, ich bin sein Weib.

David fährt auf und blickt sie einen langen Augenblick schwer und sprachlos an. Dann hebt er die Achseln, geht langsam nach rückwärts zu dem halberloschenen Feuer und rührt mit einem Speer in der Glut herum, indem er ihr gesenkten Hauptes den Rücken zuwendet. Abigail sieht gequält zu ihm hin, blickt fort und muß ihr Gesicht immer wieder ihm zukehren. Sie tastet mit ruhelosen Händen über Haar und Kleider. Wie er sich aber endlich umdreht und, das Gesicht rötlich bestrahlt, lange stumm zu ihr hinaufsieht, beherrscht sie sich und verrät ihre Erregung nur durch den dunklen und Festigkeit suchenden Klang ihrer Stimme.

Vierte Szene

ABIGAIL Glaube nicht, daß er mich aussandte oder schweigend gehen ließ. *Schweigen.* Er setzte Steintod auf die Tat. *Schweigen.* Du sollst mich nicht ansehen, als hätte ich einen Pfeil nach dir geschossen. Sprich endlich.

DAVID *leise* Bist du sehr glücklich?

ABIGAIL David!

DAVID Und du liebst ihn sehr. Solches wagst du nur aus ungeheurer Angst. Zu einem Fremden – und den Tod.

ABIGAIL Das ziemt dir nicht!

DAVID *nahe bei ihr* Ah, was mir ziemt! Einen Pfeil ins Leben hast du mir geschnellt.

ABIGAIL Schone mich doch, laß mich schweigen. Bin ich nicht schwach genug an diesem Ort?

DAVID Kleide dich nur in Schwäche, du listige Betrügerin: bist du sehr glücklich?

ABIGAIL *leise* Sein Haus ist sehr groß... Seit vielen Monaten sprach er zu mir kein Wort.

DAVID Er meidet dich, du leidest? Sie soll dir ihn wiedergeben, diese Nacht! Und ich dein Mittel! Ein Frauengespinst!

ABIGAIL *hart* Unrein ist mir der Raum, der seine Stimme widerhallt.

DAVID Du hassest ihn, ich hör's. – Hält er dich gefangen? Bist du zu mir geflohen wie die Bedrückten alle? O Abigail, wie glücklich wir sind! Ich schütze dich! Ich führe dich fort in Freiheit und...

ABIGAIL *außer sich* Tod! den Tod! Schleppe mich verstrickt auf dem Kamel davon! Einmal finde ich doch den Sturz vom Felsen!

DAVID Du redest furchtbare Worte. Sie stoßen wie Geier auf mich herab. Ich bin ein Bauer, ein Hirt, grob und ratlos. Ich schwöre: du bist beschützter hier als irgendwo im Lande – auch gegen mich.

Der ältere Hirt nähert sich, legt mit der linken Hand Holz in das Feuer, das sich erhellt, und beobachtet angestrengt, was zwischen den beiden vorgeht; da kommen von einer anderen Seite zwei Krieger, um Wasser in einem Schlauch zu holen, und er geht mit ihnen wieder nach hinten.

ABIGAIL Vergibst du? Ich bin ein Weib, bedenke, das auf einem neuen Wege geht, und von schreckhaftem Geschlecht...

DAVID Niemals war mir irgendwas zum Leben so vonnöten wie heute: dich verstehn. Woher denn nahmst du den Mut, zu mir zu dringen, woher das Vertrauen, woher den Zauber, der von dir sicherlich ausgeht?

ABIGAIL Nabal bewahren...! Und dennoch hab ich's tun müssen. Den Boshaften, den Spötter und Schmäher, den harten Undankbaren! Etwas zwang mich, deshalb ohne Sitte zu sein und den Tod zu streifen... Was für Mächte stehen im Menschen auf! Was mich zwang... ich weiß nicht...

DAVID O zittre: nun weiß ich, wer! Sagt's dir kein Raunen furchtbar in der Brust? ER stieß dich: auf, Erwählte!

ABIGAIL Was kann der Herr für Nabal tun? Ich zweifle, daß sein hartes Gesicht ihm gefällt. Ich weiß nicht, ob die Kalten ihm gefällig sind, die ihre Heimlichkeit mit sich herumtragen, sich nie entblößen und belauern, die ihresgleichen sind.

DAVID Für mich gesandt, für mich! Ich schaudere dankbar unter seiner Hand! Meine Straße sollte nicht zu Nabal führen: ja, Herr, Herr, der du den Sand furchst vor mir! Du aber denkst an jenen!

ABIGAIL An ihn, stets an ihn. Meine Schande ist's und mein Fluch! Ich, sein Geschöpf, die Sklavin seines Lebens! Ich war's nicht stets: aber er... formte mich. Verachte mich nicht, daß es aus mir herausspringt in diese stille Nacht... du bist kein Fremder... *Sie öffnet den Mantel, er gleitet auf die Steine.*

DAVID Du weißt es. *Hebt den Saum ihres Mantels an seine Stirn.*

ABIGAIL Sich zum Ekel werden und leben, immer leben! Warum bin ich ein feiges Weib!...

DAVID Die Schlucht der Verzweiflung unter unserem Leben! Furchtbar ist der Dunkle, der zuließ, daß sie dich diesem Gatten gaben!

ABIGAIL Oh, wie ich ihn damals segnete! Ich kannte nur den Hof, auf dem mein Vater mit meinen Brüdern hart arbeitete, und die Mädchen umher waren reicher als ich. Der Mond war rund und ward wieder dünn, und die Jungfrauen fanden alle Gatten. Manchmal ging ich sie sehen, und dann weinte ich nachts...

DAVID So wardst du Nabals Weib – ich fühl's in mir, als hätte ich's getan und hätt es müssen tun.

ABIGAIL Er prüft erst, aber darauf segnet er – das dachte ich, als er zu mir trat, die ich unter meinen Schleiern zitterte. Er schien mir schön... Ja, ich will dir alles sagen. Ich lächelte mir zu – ach, süß war solch Sinnen: noch ein Weilchen, dann sucht er die Helferin, die lebendige Pflegerin, deine Seele. Du wirst ihm vieles sein: Lust, Helfer, Freund... Sei glücklich! Und ich lächelte und wartete und bangte – und eines Morgens stand mein Blut: nein, nein! Er gedachte mich wie einen Schmuck zu hängen an sein Leben, mich! – und ich brachte ihm, weh, einen Menschen!

Der Hirt nähert sich langsam und argwöhnisch den beiden, die voneinander gefangen sind. Plötzlich tritt Joab, Bogen und Pfeil in der Hand, links in seinem Rücken hinter einem Felsen hervor, faßt einen Entschluß, legt den Bogen fort, eilt geräuschlos auf den Hirten zu und legt ihm jäh die Hand auf die Schulter. Sein Erschrecken beantwortet er mit scherzhaftem Gelächter, und in einem unhörbaren heiteren Gespräch gehen sie beide nach hinten ab.

DAVID Frau, Frau! Es gibt Männer, die suchen einen Menschen! Es gibt Männer ohne Weib, bis sie fanden den Menschen: Gejagte des Auftrags, Gefährten des Unglücks, Rasende der Ungeduld, Ratlose des Augenblicks!

ABIGAIL O Ekel, der in mir ausbrach, o Eiter, der mich verheerte! Wenn harter Vorsatz und geballter Haß vor ihm, dem Manne, schmolz – bei Nacht... bis ich am Tag keinem Spiegel mehr standhielt! Was ward aus mir! Seiner Weisheit Vertraute – oder nein? ...erhöht und würdig – oder? oder?

DAVID Sprich, wie dir helfen! Sprich, was zu tun! Ich sage dir: er ist verflucht, seine Bahn bricht ab in Finsternis.

ABIGAIL Wenn der Morgen uns nicht auf immer getrennt fände, mich hier, dich irgendwo – welches Dunkel sollte mich aufnehmen? Aber einmal mußte ich einem Menschen klagen. Hätt ich nicht dich getroffen, ich hätte zu Bäumen und Steinen geschrien, wie eine, die irre heult.

DAVID *ihre Hände fassend* Ich danke dir! Ich danke dir!

ABIGAIL *entzieht sie ihm nicht* Ich weiß nicht, warum du gerade, du Jüngling, mir die Seele bersten ließest – es ist das erstemal! Ich sehe nicht klar, was mir die Lippen löste, deine Stirn oder der Blick deiner Augen. – Eines Tages wies er mich von sich. Ich gab ihm ja kein Kind...

DAVID *knirschend* Der Mann lebt, und ich soll nicht mit dem Schwert an ihn? Es schüttelt mich wie einen Bruder vor Grimm!...

ABIGAIL Ich bitte dich…

DAVID Laß mich die Tränen mit Blut rächen, die so bitter und zögernd aus deinen Lidern treten!

ABIGAIL Nein, nicht!

DAVID O Abigail, Schwester! Süß sind die Schmerzen, die du in mir aufstehen lässest… Nein, schweige, schweige. Wir wollen den Stimmen der warmen Nacht lauschen. Sie redet wie ein Träumer, der Holdes träumt. Ich will dich ansehen, Herrin, laß mich dich schweigend anschaun. Du erweckst ein umstürmtes Meer in mir, Hohes und Tiefes schwillt in meiner Brust… *Hinten beginnt ein Lärm von Stimmen.* Nicht horche dorthin, wende dein schönes Antlitz mir zu. Die Nacht ist süß und voll Duft, goldbraun wie Honig, so atmet sie sich. Deine Hände – ich streichle sie wie zwei zitternde Tauben, weich und schlank. Entziehe sie mir nicht, laß sie mich liebkosen, Abigail!

ABIGAIL Hab Erbarmen, David… laß mich, laß mich… Du vergissest…

DAVID Immer, immer werde ich so deine Hände halten!

ABIGAIL Ich bitte dich… laß sie nicht lauter werden. Es soll wieder still sein um uns. Die Stimme meiner Magd!

Der Lärm wird lauter, man unterscheidet Stimmen.

DAVID Sie sollen sich hüten. Sie sollen sich hüten!

Der Tumult nähert sich.

ABIGAIL Mein Knecht?

Fünfte Szene

Mehrere Krieger schleppen den Hirten heran. Joab, das lange Messer des Hirten in der Hand, geht vor ihnen; Silpah läuft angstvoll voran. Der junge Hirt und die Knechte sind in der Menge.

DAVID Was heult ihr gegen mich an!

DIE KRIEGER Dich töten, Herr! Ein Schwert unterm Kleid!

Abigail hält sich starr, macht zwei Schritte vorwärts.

DAVID *auf alle los* Schweigt ihr?! Schweigt! Joab?
JOAB Dieser, Fürst, kam waffenlos; doch als ich nach seiner Hüfte griff, tat Jahwe ein Wunder, ich fand dies. *Er weist das Messer vor.*
DAVID Geht das mich an, irgendwas? *Nimmt es.*

Abigail nimmt es ihm, hält es einen Augenblick, läßt es geschüttelt fallen.

DAVID Frau! *Hebt es schnell auf, drückt es an die Brust.* Das ist jetzt mein! *Sieht sie an, steckt's in den Gürtel.*

Abigail zieht den Schleier vors Gesicht.

JOAB *leichthin* O David ohne Panzer, dein Schwert lag weit. Niemand hatte dich darum ersucht; aber wer schwört mir, daß man's nicht getan hätte? Gepanzerte sind schlecht zu umarmen.

Abigail stöhnt und verbirgt das Gesicht.

DAVID *hebt die Faust* Nimm dich in acht!
JOAB *zurücktretend* Es ist wohl Sitte, daß einer dem Freund droht, der ihm just das Leben rettete.
DAVID Du mir, jetzt?
JOAB Du bist blind in dieser Nacht! Ich wußte es vorher und ließ meine Augen offen. Er wollte dich morden, David. Ich sage nicht, das sei Verabredung.

Abigail hebt langsam den Kopf nach David hin.

DAVID *zum Hirten* Wolltest du mich töten? Sage es, daß ich deinen Mut sehe.
DER HIRT Ich wollte nach meiner Herrin sehen. Ich wollte Nabals Weib vor dir beschützen, dazu trug ich das Messer.
DAVID Du bist treu, ein tapferer Mann. Laßt ihn!

Die Krieger geben ihn sogleich frei.

JOAB David!

DAVID Deine Herrin und ich, wir bedürfen keiner Dolche. Fort nun zu eurem Schlafe, geht!

JOAB Ich gehe nicht zum Feuer ohne dich, so wahr Samuel bei den Toten ist. Wir müssen Rat halten! Reiter Sauls lauern in der Nähe!

ABIGAIL *aufschreckend* Ich vergaß – oh, es ist wahr! Geh, geh!

DAVID *halblaut zu ihr* Ich will nichts als bei dir sein. Seit du für mich erblichst, kann mir nichts zustoßen mehr.

ABIGAIL Gefahr auf deinem Haupt! Und soll ich zur Mauer werden zwischen dir und ihnen? Geh mit ihm! Oder: ich reite sogleich.

DAVID Schwöre mir, daß du mich erwartest!

ABIGAIL Ich werde hier sitzen. Silpah bleibt bei mir.

DAVID Nicht lange, Herrin – Herrin!

Abigail blickt ihn lange an und senkt die Stirn. Sie gehen; David sieht sich sogleich um, nach wenigen Schritten stehenbleibend.

JOAB *zu einem Krieger* Hast du den Braten gar für ihn? *Zu David:* Und was geschieht mit Nabal?

DAVID Ach, der Mensch... Das ist so widerlich nichtig alles... *Ab.*

Sechste Szene

Sobald Abigail mit Silpah allein ist, greift sie sie hart beim Arm.

ABIGAIL Fliehen, Silpah!

SILPAH Abigail! Du hast mich sehr erschreckt...

ABIGAIL Wir müssen fliehn! Sie morden hier – bedrohen einander. Ich weiß nicht mehr aus noch ein! Jeder Schrei zerreißt mein Herz!

SILPAH Fort, nur fort... Der Segen frechen Frevels!

ABIGAIL O Scham! – Wer frevelte? Er verdient nicht, daß wir gehn wie Diebe. Wie diese Krieger rasten! Sie lieben ihn alle.

SILPAH Laß dich warnen, Abigail! Du bist allzu schön heute nacht, mir ist, ich habe niemals solche Augen gesehn und Lippen, die so zittern. Wie der Junge dich anblickt!

ABIGAIL Ich weiß, daß er von großer Art ist.

SILPAH Räuber und Herr von Räubern! Von großer Art! Er kann mich noch zu einer toten Frau machen und dich hinter einem Felsen zwingen.

ABIGAIL Schweig, freches Wort!

SILPAH Ah, ich bin frech, und du sagst es, du, die heute nacht alle Weibersitte hat rückwärts gelassen! Blick du doch vor dich hin! Du hast dich selbst gewarnt; du riefst nach Flucht.

ABIGAIL Falsch, falsch, ganz falsch. Die Nacht verwirrt mich – zuviel für ein Weib. Geh zum Feuer und tritt beiseite, bis sie nicht mehr reden. Dann sag's ihm – *mehr vor sich hin–;* sag's ihm kurz und demütig. Und zu den Hirten ... Ja, sogleich davon; bald. Nur ein Weilchen noch, nur eine kleine, kleine Zeit noch ...

SILPAH Sprich selbst zu ihm. *Sie geht kopfschüttelnd.*

ABIGAIL *allein gelassen, verliert die gemessene Haltung, bricht gleichsam in sich zusammen; schwer, fast laut* Warum noch jetzt? Großer Gott, warum so spät ... *Sie legt das Gesicht in die Hände und bleibt gebeugt, bis David in Hast herbeiläuft.*

Siebente Szene

DAVID Niemals! Ich beschwöre dich!

ABIGAIL *aufstehend* Mach mich nicht wünschen, ich wäre still geflohen – nicht bereun, daß ich dich ehrlich grüßen wollte zum Ende!

DAVID Mir ist ein Pfand gegeben: du bist mein Teil. Diese Nacht ist ein Aufgang und kein Untergang.

ABIGAIL Aufgang und Untergang, beides in einem. Dunkler Schein ging auf und losch. Hab ich nicht nur geträumt? War die Seele nicht allein bei dir, indes der Leib wie ein Gestorbener auf den Kissen liegt? Die Sterne zeigen abwärts, er will erwachen. So zieht er sie im Morgenwind heim, ins dämmrige Leben. Der Elende!

DAVID Ich habe dich geehrt, nicht angerührt mit Händen und Wünschen. Aber nicht als Traum fährst du an mir vorüber! Ich will dich mit Blut nähren! Ich will deinen Namen zwingend rufen bei Tag und Nacht!

ABIGAIL Laß mich gehen, du allenthalb Geliebter! Was zerrst du an mir! Du bedarfst nicht mein!

DAVID Höre mich! Ja, sträube dich nur! Zu einem Knaben dumpf voll Träumen und stark trat der Alte – zu mir von sieben Brüdern. Seine Augen überm weißen Barte flammten mich an wie Sterne über der Wolke, in mein Knabentum glühte er sich ein: mir wankten die Knie und erblich das Herz! Da spürte ich schon heiliges Öl auf der Stirn, und mir war's, als schrie die Stimme: König! in mein Haupt hinein – fast sank ich um.

ABIGAIL Ja! Ja! Der kam vom Herrn!

DAVID Von ihm. Er nahm mich an: nun trage ich auf meinen Schultern eine Last von Zukunft, dies ganze Volk – allein bis heute nacht, stolz und ächzend, das Furchtbare der Sendung! Er weiß wohl, daß ich fast erliege! Ich schrei's ihm empor Nacht für Nacht, daß die Himmel wanken vor meinem Ansturm – nicht die Harfe hilft mir mehr und kein Lied. Und er hörte mich, der Ungeheure! Magd am Werk, dessen Knecht ich bin: Abigail, ich erkannte dich – schon deine Stimme weckte mich auf!

ABIGAIL Sagte sie dir nicht, daß es zu spät ist – diese Stimme? Ging nichts in dich ein von Nabal und all dem Elend? Ich bin eine Scherbe, David. Geh hin, Held, und sei stark allein.

DAVID Als Goljat tot lag, schlugen meine Zähne wie Hagel. Ich bin nichts als ein Mensch, endlich muß ich ruhn. Aber wer meine Last abnehmen soll, meinen Weg muß er selbst gegangen sein. Abigail, Schwester!

ABIGAIL Bewahre ihn vor meinem Schicksal, Herr des Zufalls!

DAVID Taten gehen wie Ungeborne in mir um und mahnen mich. Gesetze, jetzt schon auf meinen Lippen bebend: hinschreien möcht ich sie über das Land! Ich taste mit diesen Händen die Form, darein ich das Volk von Stämmen einschmelzen und zähmen werde, wie der Gießer von erzenen Götterbildern – und alles, alles ist wider mich! Sei du für mich! Tröste mich! Zähme meinen Haß gegen das aufsässige Volk! Geh jetzt schon als Königin neben mir ins Elend!

ABIGAIL *tief erregt* Ich bin von Nabal zerbrochen! Die Scherben zeigen den Abdruck seiner Faust! Ich bin auf immer dieses Mannes Weib! Verfluchte ich – zu schwach, all das Erfahrne hinter mir zu lassen wie Kleider im Haus. Ich weiß! Ich weiß!

DAVID Hast eine freie Tat getan heute nacht! Ruf deinen Willen auf, starke Schwester!

ABIGAIL O daß ich jünger wäre!

DAVID Abigail! Du Junge!

ABIGAIL Wär ich noch Jungfrau!

DAVID Mir jungfräulich unangetastet, Holde!

ABIGAIL Hätt ich ein Schwesterchen, ein schönes Mädchen! ...

DAVID Licht vom Lichte! Ich möchte jubeln über deine Kraft, du Harte! Kämpfe, kämpfe – du brichst ja dennoch auf, gesprengt vom Entschluß! Wenn du flüchtest, wäre mein Leben nicht entkernt? Wär nicht falsches Öl über mich ergangen und Lügenwort? Von Jahwe aber, vom ungeheuren Born kam Samuel gegangen, umweht von Engeln: ich bin mit Wahrheit gezeichnet und siege – mit dir.

ABIGAIL Ja, Sieger, du siegst! Ich seh dich steigen, David: flieg auf! Ich aber bleibe zurückgebeugt wie eine, die dem zahmen Falken Flug und Freiheit gönnt – und nur den Blick der Sehnsucht schickt sie ihm wie eine zarte goldne Kette nach, weil sie ihn ja... geliebt, den Fliegenden – – – so krümmt's mich rückwärts. David... wehe mir! Nur mein Gedenken braust mit dir zum Horst des Throns!

DAVID Mein Weib! *Er faßt ihren Kopf fest in seinen beiden Händen, im Kusse.*

ABIGAIL *gibt sich mit geschlossenen Lidern einen Augenblick ganz hin; schlägt sie sogleich auf und stemmt sich entsetzt mit beiden Armen von ihm ab, laut* Nabals Augen! Nabals Blick in deinem!

DAVID *schnellt jäh zurück und läßt sie los. Sie flüchtet, er setzt nach* Bleib! *Faßt hart ihre Hand.* Lügnerin! Vor Sonnenaufgang mord ich ihn, dann bist du mein.

ABIGAIL Ich rief seinen Namen!

DAVID Laut! Ja, du liebst ihn!

ABIGAIL Deine Augen, voll wilden Lichts... Ich sah schon einmal solche Augen! Dein Atem brannte – wie der seine... schon einmal gingen Hände so hart mit mir um. *Sie birgt das Gesicht in den Händen, David sinkt schwer auf den Brunnenrand. Nach einem Schweigen* Geht's endlich in dich? Läßt du endlich ab?

DAVID Ich spüre nur, du gehst! Ich weiß nur, du gehörst zu mir!

ABIGAIL Ja, ich gehöre tief zu dir. Aber ich kann nicht bei dir sein, Freund... Und du fühlst es auch...

DAVID Ich weiß nicht recht noch falsch. Ich weiß nicht, wer wir sind.

ABIGAIL Trag es, Mann – da ich's ertrage. Ferne sollst du mich verbunden spüren.

DAVID Bin ich denn schon verworfen? Ein Lügengeist gewühlt in mich?

ABIGAIL Der Geist des Sehers über dir! O König, denk an mich wie an eine Sterbende. Ich geh ins Grab, ob ich lebe oder morgen sterbe. Ich will dir, wenn ich tot bin, Boten senden, um mich zu trauern.

DAVID Ich strecke meine Hand aus, tappend in Zweifel. Er hat sein Antlitz weggewandt. Ich will nicht leben ohne dich.

ABIGAIL Du bist sein Gesalbter immerdar.

DAVID Neue Nacht um mich! Das Elend hebt an! Mein Jonathan geht wiederum von mir.

ABIGAIL Ich will nicht weinen. Ich sende dich in großen Glanz und vergehe in Gottes Nacht. Komm, gib mir deine Hand.

DAVID *reicht sie ihr abgewandt, die andere über den Augen* Woher komm ich? Und wo soll ich hin?

ABIGAIL *mit beiden Händen die seine fassend* Wenn – Gott – ein wenig früher mir – *Sie küßt die Hand.* Vergiß mich nicht, nicht gänzlich, nein? ...*Sie küßt ihn, der wie leblos vor ihr steht, ohne ihn zu umarmen, auf den Mund.* Sei stark... Vergiß mich! *Sie eilt lautlos davon, indes sie den Schleier über ihr Gesicht fallen läßt.*

Dritter Akt

Das flache Dach auf Nabals Haus. Nacht und gegen Morgen. Eine aus Holzstäben geflochtene Brüstung, bunt bemalt und an der linken Seite, von der hinten ein kleines Stück zu sehen, gegen den Wind mit Geweben behängt, umgittert, soweit sichtbar, die Ränder des Daches. Auf der Fläche, nach rechts gerückt, ein aus Teppichen gebildetes Viereck, eine Art Zimmer abgrenzend: ein diwanartiges Lager, mit bunten Decken belegt, davor ein runder, niederer Tisch und mehrere kleine Sitze aus Holz stehen. Ein hoher Leuchter, ebenfalls auf dem Boden stehend, brennt mit sieben ölgenährten Flammen; auf einem rohen Gestell ist ein wie ein Dudelsack geformter Weinschlauch befestigt. Auf dem Diwan ein breites Schwert, gebogen und blitzend; auf dem Tische eine enghalsige Silberkanne voll Wein, mit Henkel und Gießschnabel, drei fußlose runde Trinkbecher aus Silber und eine große flache Schale, gefüllt mit Obst: Feigen, Weintrauben, Datteln und Oliven, dazu Honigwaben. Olivenzweige liegen darüber zu Schmuck und Kühlung. Dicht am Viereck rechts und weit links zeigt je eine umgitterte Luke Treppen in das Haus hinab an. Der Himmel wölbt sich schwarz und ganz bestirnt, doch ist es nicht sehr dunkel, da Leuchter, Sterne und der noch nicht halbe Mond den Schauplatz erhellen, und nachdem sich die Augen an die Dunkelheit gewöhnt haben, klärt sie sich zu dem durchsichtigen Blau einer hellen Nacht.

Erste Szene

NABAL *halb liegend auf dem Lager; beim Aufgehen des Vorhangs trinkt er, setzt den Becher hin, erhebt sich, tritt nach zwei Gängen auf und ab wieder zum Tische und schenkt aus der Kanne neuen Wein; horcht aufmerksam rasch zum Dachrand, beugt sich über die Brüstung, angespannt lauschend; findet sich getäuscht, schüttelt unmutig den Kopf, geht langsam zum Tische zurück und ißt stehend einige Fei-*

gen. Dann greift er in Gedanken einen Olivenzweig von der Schüssel. Er löst die Früchte ab, nimmt die drei Ringe von den Fingern beider Hände, biegt ihn zum Kranz und fügt die Enden mit den Ringen aneinander; betrachtet ihn lächelnd, indem er sich wieder hinlegt, dreht ihn in den Händen, wägt ihn und setzt ihn schließlich – die drei Ringe handbreit voneinander als Stirnseite – sich aufs Haupt. So ruht er einen Augenblick mit stolzem Gesicht: da hört er eilige Hufschläge von weit unten herauf, richtet sich jäh auf und lauscht: sie sind's; nimmt das Spielzeug vom Kopf, dreht es in der Hand und sagt, den Blick daran geheftet, mit erwägendem Spott Eine Krone... immerhin, eine Krone... Dennoch: mir? mir? *Er zieht die Ringe ab, zerbricht den Kranz und wirft die Stücke fort. Nach einigen Augenblicken beherrschten Wartens kommt jemand sehr eilig die Treppe herauf. Es ist der Verwalter.*

VERWALTER *bestaubt und keuchend* Herr, Herr, alles noch heil! Kein David brach ein, mächtiger Gott!

NABAL Du taumelst. Gieß ein, trinke!

VERWALTER Dank, Nabal... Welche Eile, welche Angst. *Trinkt lange.* Nun endlich – Ruhe... Dankopfer gen Gibea, Herr.

NABAL Fülle die Kanne. Die Reiter?

VERWALTER Rasten im Hofe. Sie warteten zornig und brachen auf. Pallu weist die Führer hierher. Ich mußte voran.

NABAL Hole sie selbst, alter Mann, und schlafe, Treuer. Laß Weiber und Knechte nicht erwachen und lauern.

VERWALTER Einer redete gar nicht zu mir, der andere böse. Herrisches Volk, die beiden! *Er wendet sich zur Luke, aber ein Lichtschein und Schritte dringen bereits aus ihr.* Zu spät, Herr. *Er tritt beiseite.*

Aus der Luke rechts steigt ein in einem weißen Burnus Vermummter und nach ihm ein Krieger mit rotem Bart und gerötetem Gesicht, Brust gepanzert, mit Helm und Schwert. Nabal tut zwei überraschte, eilige Schritte auf ihn zu, mit hingestreckten Händen.

NABAL Abner, Feldherr des Königs!

ABNER Du hast mein Gesicht nicht vergessen all die Jahre!

NABAL Dank deinem Weg, Dank deinem Gaul! Wer bei dir sprach meinen Namen zuerst aus? Ich muß ihn lohnen.

ABNER Ich selbst besann mich, wie du bei Jabes Schwerthiebe neben mir gabst. O Donner, das hießen noch Tage! Und so fragt ich Kundige.

NABAL Tage wie Hörnerschrei! Und heut also: wessen Dienst?

ABNER Mein Bote hatte doch eine Zunge...

NABAL Ich wage nichts zu deuten.

ABNER So höre gleich.

NABAL *leiser* Von ihm?

ABNER Von ihm.

Der Verhüllte hat indes das Schwert erblickt und es nach drei schnellen Schritten ergriffen. Er ist größer als die beiden anderen, seine Augen spähen unruhig umher. Nachdem er Nabal gemustert hat, faßt er mit der Linken, als wolle er sich zerstreuen, das Heft des Schwertes, wickelt die Spitze des Mantels in den Zipfel und biegt die schwere Klinge so zusammen, daß die beiden Enden einander berühren; dann läßt er es langsam wieder auseinandergehen.

NABAL Wer von euch ist so stark?

ABNER *stolz lächelnd* Das ist ein Krieger, Nabal. Gib mir ein Lager und einen Becher Wein. Man wird etwas von dir fordern. Dann gedenke meiner, der heute den schwärzesten Ritt seines Lebens tat. Laß das nicht umsonst sein, Nabal!

NABAL Gern, mein Abner, bin ich dir zu Willen. Du kommst als Bote fröhlicher Tage, jeder gedenkt froh seiner Jugend.

ABNER Nun, wir sind Männer alle drei... Leb wohl.

NABAL *zum Verwalter* Führe den Feldherrn des Königs hinab, das beste Kissen gib ihm und vom besten Wein.

Abner und der Verwalter steigen hinunter.

Nabal und der Verhüllte mustern einander aus einiger Entfernung in einem kurzen Schweigen.

NABAL Jetzt wachen allein wir beide. Die Frauen schlafen in den Kammern, die Knechte bei den Schafen. *Schweigen. Nabal wendet sich zum Tische, während der Gast ihn betrachtet, und schenkt langsam einen Becher voll Wein.* Es ist am Ende nicht wichtig zu wissen, wen Abner brachte. Dieser Wein fällt in den Becher für dich.

Nach einem Augenblick wirft der andere den Mantel ab und zeigt sich in einem gelben Kleid, das, an der linken Seite geteilt, bis zur Hälfte der Wade fällt; es ist ärmellos, und um die nackten Arme winden sich breite Silberringe, mit blauen Lapislazuli roh besetzt. Sein Gesicht, braun und fahl, voller Furchen und Unruhe, hat einen bedeutenden, gequälten Ausdruck. Sein Bart ist schwarz, verwildert vom Leben im Felde, das Haar ganz grau, halblang, glatt um den Kopf von einem Riemen zusammengehalten, für den Helm.

NABAL *tritt zwei Schritte rückwärts und ruft* Du? Du bist's? *Verneigt sich* ... Mein ...

DER GAST Still. Sprich meinen Namen nicht aus, du. Ich tue Ruhmloses – nichts bleibe von dieser Nacht. Setzen wir uns, trinken wir von deinem Wein. Du gefällst mir; du legst auch Schwerter neben dich. Ich brauche manchmal Speere außerdem. Niemand hört uns?

NABAL Niemand, Herr.

Sie setzen sich.

DER GAST *seufzt* Ich war Herr... Einst war ich Herr dieses Landes.

NABAL Nicht doch! Wo ist einer außer dir?

DER GAST Ja, ja, laß es gut sein. Weißt du nicht, warum ich hier bin? Mein Bote hat dein Gesicht nicht gesehen, Mann. Ich ergrimmte über dich. Aber dann ritt ich hierher, neben dem Rücken schweigender Berge, die im Monde schliefen, und ward ganz still. König sollst du werden, nach mir.

NABAL König, weil du im Ernste kommst und mich ehren willst, will ich mich dir gänzlich zeigen.

DER GAST *nickt* Recht so. Dann dürfen wir kurz und bündig sein. Ich werde müde, ich weiß, es geht mit mir zu Ende. Der Stamm Juda will keinem Benjaminiten mehr gehorchen, setzt sich vielleicht gar einen König für sich. Aber besser ein König aus Juda übers ganze Volk als zwei Herren im Lande. Du sollst es sein, Abner dein Feldherr.

NABAL Wie nackt du das hinsagst! Ich beseh's, und mich schüttelt Ekel. Königtum! Bin ich der Popanz auf der Stange, die Abner trägt, auf daß Juda mit Israel gehe, und alle Flüche werden im Unglück nach mir gespien? König, man sollte lachen.

DER GAST Du siehst es abscheulich an. In deinem Munde wird es ein übles Wesen. Springst du nicht auf? Jauchzest du nicht, daß du Herr bist und befiehlst?

NABAL *ruhiger anfangend* Befehlen! Und wo ist der Wirkung Ziel? Wer in Schluchten wandert, der sieht nur einen Weg vor sich und weiß das Ziel: einen Quell, der aus einem Berge bricht und wo der Weg endet. Ich aber, auf einem Gipfel, sehe viele Pfade zum Brunnen gehen, hinter dem Berge weiter in die Steppe, und in die Städte am Meer, und auf Schiffen übers Meer. König, ich befehle nicht.

DER GAST Feigling du! Dich heißen sie weise! Hast Hände und wagst nicht, sie zu ballen? Du traust dich nicht.

NABAL Nein, König, ich getraue mich nicht mehr. Ich habe zuviel gesehen, so wird man sagen müssen. Wer nicht nachdenkt, mag leicht Mut haben, und wer nichts sieht, ballt die Faust. Wüßtest du nur, wie fremd ich Menschen bin! Sähen sie mich nahe, sie liefen mir davon. Ich teile ihre Nöte nicht, und wie ertrügen sie meine Art?

DER GAST Ich habe sie geteilt so viele Jahre, und ich bin nicht weise. Ich hab ihr Herz in mir, wie du.

NABAL Ich nicht. Ein Krieger träte vor mich: dieser hier muß sterben, begehrte Königsgut und nahm's – und ich sähe ihm an, daß er selber Tod verdient, weil auch er begehrte, freilich ohne Mut. Ein anderer: Herr, wir müssen nach Süden ziehen; ich denke: Warum? auch im Norden wartet unser Ende. Und wenn jemand anklagte: David ist des Volkes Feind – so dürft ich im geheimen lächeln: Nabal ist des Volkes Feind, und hätte womöglich mehr Recht.

DER GAST Sohn Judas, du sprachst einen Namen aus, gefährlich vor mir zu nennen. Wagst du's, mich zu stacheln mit ihm? Behutsam, Wirt! Oder hast du Kunde etwa, welch Loch den Hund verschlang, den sie so rufen? Heraus den Ort!

NABAL Der Argwohn des Gastes kränkt das Haus. Weder Kunde, König, noch Absicht; ich sagt ihn so hin, es hätte auch Amalek lauten mögen.

DER GAST Worte also, Worte! Mich widert's an! Sitz ich dazu hier, gedemütigt bis ins Eingeweide?

NABAL Rechne mir nicht deinen Irrtum zu. Herrschen müssen Männer wie du: sie sind rechtmäßig deine Nachfolge. Der dich salbte, verstand sich auf Seelen, Samuel von Rama!

DER GAST *aufspringend, daß der Sessel fällt* Schweig von ihm! Ruf ihn nicht beim Namen, er hört's, er kommt!

NABAL Aber Saul, aber Herr, er ist tot!

DER GAST Er ist tot, ja, und entsetzlich... Wie mir vor ihm graut! Er haßt mich, er lauert auf mich. Wenn du ihn rufst, kann er herfahren in den Adern der Erde. Ich höre ihn manchmal über mich lachen, du, und davon werd ich grau und schwach!

NABAL Du flackerst wie ein Licht... und mir schien er stark und sanft.

DER GAST Mit seinem Munde hat er alle meine Mannheit weggehaucht. Er allein könnte mich wieder zu Saul dem König machen; aber er starb vorher, und nun lacht er über mich in seinen langen Bart, im Grabe. Ich kann ja nicht mehr an ihn!

NABAL Graut dir sosehr vor Toten? Du hast ihrer so viele hinabgeschickt; und dein nächster Sieg fällt neue. Ich an deiner Statt würde sie mit Ruhe betrachten.

DER GAST Ich siege nie mehr. Jahwe ist kein Gott für Krieger; er hat die Kraft von mir geweht, und die Götter ringsum haben keine Macht über dies Land, Milkom oder Baal-Peor.

NABAL Sehr seltsam, daß auch du ihn entgleiten fühlst. Von

mir zog er sich zurück weithin über die Sterne; seither geht's mir wohl.

DER GAST Mich hat er abgetan. Ich werde nie mehr siegen, ich werde sterben. Ich werde mich unter den Schwertern der Pelischtim zur Ruhe legen und alle meine Last irgendwohin rollen lassen. Furcht vor den Toten? Mir graut nur vor meinem einen Hasser. Des Todes bin ich froh, froh wie ein Müder des Schlafes.

NABAL Nun redet der König, der vor dem letzten Engel nicht erschrickt.

DER GAST Er wird zu mir treten wie ein Mächtiger, und ich sträube mich nicht. Es legt keine Schande auf, von ihm besiegt zu sein. Ich werde ihm die Hand reichen und das Schwert fallen lassen.

NABAL Wie nah er dir ist, wie einem Krieger vertraut! Soll ich dich nicht beneiden? Aber auch mich wird er nicht überraschen.

DER GAST Ihr sterbt ja in euren Häusern, ihr Friedlichen...

NABAL Wir altern ihm entgegen, und er brennt am Ende des Weges wie ein großes Feuer, von Ferne winzig. Endlich stehe ich davor und stürze hinein.

DER GAST Kann sein, du stehst jetzt davor, jetzt – und weißt nicht darum.

NABAL Ja, wir Menschen – für uns selbst sind wir blind. Aber wisse, ich bringe mein Leben hin, anzuschauen, wie der Mensch vorübergeht und alles um ihn, die Wolken, die Tiere und der Wind – und bin gestimmt zu sagen: wenn ein Gott je Segen über die Menschen sprach, so ist es der, daß sie sterben sollen.

DER GAST *einstimmend* Aufhören, von nichts mehr wissen, die Hände still halten und auf die Geschicke aller verzichten!

NABAL Ruhen, wie die Väter ruhn, nichts mehr begreifen, nicht mehr antworten und nicht fragen!

DER GAST Den Haß aufgeben. Die Feinde zurückbleiben wissen und an sich selbst nicht mehr nagen!

NABAL *hingerissen* Wahrlich, die Toten liegen wie Scharen von Göttern, und wir sollten ihnen Opfer bringen!

DER GAST Altäre baun und ihre Namen darein schneiden!

NABAL O unerhörte Nacht! Ein Bruder fand zu mir herauf!

Er steht auf und streckt ihm beide Hände hin, der andere reicht ihm die seinen.

Einen Augenblick Schweigen.

DER GAST *indem er sich löst* Ich werde bald opfern, wart ab. Aber nimm aus dieser Hand die Last, mach mir's leicht, davonzugehen!

NABAL *heftig auf und ab* Die Last... vor Schwerem weiche ich nicht... das Dumme ist's, das mich daran entsetzt... Ein Nachdenklicher über dem Volke? Wär's möglich? Und wenn ich's wagte, Saul, wenn ich's täte? Laß mir Zeit...

DER GAST Mensch! Mensch! Tu's doch! Laß deinen Bruder nicht in Schande von dir gehen, Nabal. Gelingt mir's, so hat diese Nacht ein lichtes Gesicht!

NABAL Man könnte es friedlicher schaffen im Lande. Sie müßten lernen, daß sie stets um Nichtiges streiten, und wie arg Unfriede verdummt; sie müßten einander dulden. Sie müßten gütiger fühlen und sich nicht überheben, und die Halsstarrigen könnte man beugen und schamrot machen, indem man sie dem Gelächter hinwirft...

DER GAST Du bist kein Krieger, Nabal. Listig und kühn, das wird ein Mann im Frieden nicht.

NABAL *kopfschüttelnd* List und Kühnheit – aber ist's nicht weiser, milde zu sein? Krieger bleiben sie nur zu gern. Krieger braucht man aus ihnen nicht erst zu formen... Und ich selbst – sähe ich neue Dinge als König? Sie bringen mir ihre Streite, und ich finde ihre Schicksale darin und neue Seelen. Ich kenne zu gut, was um mich ist... Wenn sie einander erschlagen, wenn sie rauben und sich beneiden, um Frauen, Ehre und Gold: was lernt meine Seele? Wieviel ungewohnte Gefühle, glückliche Betrachtungen, Blicke in mich hinab... Ein reicheres Feld, mich zu erproben!

DER GAST Willst du? Sag ja! Abner bleibt ja hier...

NABAL ...Und Richter könnte ich sein, gerecht sein! Ich wollte Gerechtigkeit im Lande aufrichten wie einen Turm, benachbart den Sternen und den Wolken. Kein Land ist groß, es geschehe denn jedem sein Recht. Und der König hebt die Waage hoch über jedes Haupt.

DER GAST Ja, sie werden kommen! Sie liefen herbei in Scharen und streckten mir ihre Hände hin. Aber dann blieb nicht Zeit, viel zu erwägen: ich sprang auf, es riß mich zu helfen. Helfen, Mann, das ist's, handeln! Du sprichst von dir und schweigst von den Taten!

NABAL *jäh* Taten! *Er hält an und steht, legt die Hände auf die Brust und nähert sich dem Könige, während er redet.*

DER GAST Läßt du sie den Ämtern, bleibst du daheim vor Kämpfen, siehst du nicht selbst in die Hütten der Armen und hörst all ihr Elend: so wisse, vergebens – was starrst du? Und atmest?

NABAL Nie, nie, Saul, nie! Ich werde niemals König sein!

DER GAST ... Höre, du, ich bin still wie Eisen: wenn du mit mir spielst – du stirbst!

NABAL Besser sterben! Was für Schlangenträume spielten mit mir! Niemals steig ich von hier hinab!

DER GAST Ich weiß nicht, was du mit mir treibst. Ich glaube, du bist ein Irrer. Und sicher bist du kein Mann.

NABAL *ergreift den König bei den Händen und zerrt ihn in die Mitte der Terrasse, vom Leuchter fort. Nach den Sternen deutend, in tiefer Erregung* Sieh dorthin, Bruder, sieh hinauf! Ihr stummer Reigen umkreist mich feierlich jede Nacht. Mein irdisches Herz hebt sich zu ihnen empor, zu Gottes schwarzem Haus mit goldnen Augen. Diese da sind mein Sehnen und Lernen, stumm und gewahrend über alles hinzugehen, sehend und schweigend. Du hast mein Schwert – niemals laß ich ihr Reich.

DER GAST Ich weiß nicht, was du mit mir treibst. Kannst du nicht König sein und sie anbeten?

NABAL Nein, Saul. Sieh hin: bald sind sie blaß, das Nächtliche erhellt sich, sie schwinden scheu hin, weil Moloch aufsteht und sie verjagt. Ihr Handelnden, im Schöpfen und Vernichten, seid seine Söhne. Ich will nicht mehr im Brande der Sonne leben. Ich will nicht weichen von hier, wo ich mächtig bin und ungebunden.

DER GAST *zum Lichte eilend* Komm zum Tische, komm zum Lichte; mir schaudert, wenn ich dich höre. Du kannst also dennoch die Toten mit Zauber rufen? Sage mir mehr, aber sag's im Hellen.

NABAL Wie hold und sacht schlüpfte der Feind in mich ... König, Richter – fürwahr! ... Was sprichst du von Zauberei?

DER GAST Du rühmst deine Macht. Ich weiß, wessen man unter Sternen mächtig ist, als Weiser.

NABAL König, ich sprach von Macht über dies Haus und mich.

DER GAST Im Haus, nichts sonst? Aber du lügst nicht. Kennst du denn Macht, jämmerliches Herz? Weißt du, wie das Blut braust, wenn tausend Männer bei deinem Anblick laut jauchzen? Wenn du sie spürst wie ein Roß unter dir, lenksam und ungeduldig? Hast du je viele solche geliebt? Haben sie dich teurer gefunden als Besitz und Weib, und den Tod eine Lust in deinem Dienst?

NABAL Aber sie hat dich hierhergeführt, deine Macht, und du bist zerbrochen unter ihren Taten in deinem Dienst. Auch ich habe Macht, Saul, tiefer eingepflanzt als die deine – denn immer mußt du befehlen, und nicht einmal dann wird dir immer gehorcht.

DER GAST Heute nacht, eben jetzt! Mensch, Mensch, welcher wüste Geist hat mir deinen Namen eingeblasen... zur Schmach!

NABAL Ich aber... Ich will nicht von meinen Knechten reden. *Der Gast lacht.* Sie sollten frei sein und gingen nicht, es ist Zucht und Zaum über ihnen, und sie murren nicht. Das alles zähle ich nicht und lasse dich lachen.

DER GAST *aufstehend, verächtlich* Führe mich hinunter, ich kenne deine Treppen nicht.

NABAL *sitzen bleibend* Aber da ist ein Weib, ein verstoßenes Weib, das ich gehen hieß und das dennoch blieb; und ein schönes Weib, mit einer Seele groß und stolz wie ein Mann.

DER GAST Gibt's für sie keinen außer dir, bei ihr zu liegen?

NABAL Sie ist fern von Begierde. Sie meint mich zu hassen, und sicher weiß sie nicht, warum ich sie verließ. Siehe her, König, über solchem gründe ich meine Macht und mein starkes Leben. Auf ihrer Seele, die stärker ist als meine, lastet der Fels, auf dem mein Name eingegraben, und beugt für immer den Wipfel dieser Zeder.

DER GAST Und diese dient dir? Ein befremdliches Weib...

NABAL Sie geht umher und pflegt mein Gut – das allein blieb ihr frei. Ich spreche nicht zu ihr, ich sehe sie nicht an, und dennoch hat sie keinen Weg mehr für sich allein. So, in ihr, kreist all mein Haus um mich, den stets Entfernten.

DER GAST ...Ah, ihr Kind! Sie macht ihrem jungen Sohn ein Erbe neben den älteren Brüdern.

NABAL Sie hat kein Kind. Soll ich dies verlassen? Soll ich – nun richte, der du mich irre schiltst – dies alles aus den Händen werfen um der endlosen Mühsal Israels willen? Soll ich Freier mich beladen, mich winden, wie ihnen gut ist, ihr Knecht werden, aller Untertanen vergeblicher Knecht – König, soll ich?

DER GAST Ein Fluch ist auf mir. Alles zerbricht mir in der Hand. Du liebst sie nicht. Mit mir nimmt's ein reißend Ende.

NABAL Ich bewahre meine einsame Seele. Hier ruht sie wie in einem schwebenden Ring, und weder Taten noch gar Worte rühren an ihren unantastbaren Frieden.

DER GAST Muß ich dich nicht beneiden? Mich wirft's hin und her wie Mäntel im Wind... Wer kommt? Ein Klirrender steigt herauf.

Abner steigt schnell aus der Öffnung rechts.

ABNER Saul, Saul, keine Zeit zu Worten! David ganz nahe, vor Hunger schwach!

DER GAST Hinab! Brich auf! Abner, ob wir noch einmal lachen vor Nacht?

NABAL Was half's nun, daß ich's verschwieg! Immer Zwist und Zwist im Lande, Haß und Blut.

ABNER *zu Saul* Er willigt drein?

DER GAST *den Mantel umnehmend* Niemals darf seinesgleichen herrschen. Nein und nein.

ABNER Fällt David in unsre Hand, ist Jonathan des Eides ledig: König, welch ein Vielleicht geht auf!

DER GAST Voran, voran! Leuchte uns, Sieger, Herr des Hauses!

NABAL König, im Raum des Tores will ich dich grüßen: hab Dank.

Während die beiden die Treppe rechts hinabsteigen, steht Nabal an der Öffnung; er hebt beide Arme, in einer Hand wie leuchtend die Fackel haltend, zurückgelegten Hauptes in stummem und jauchzendem Triumph steil empor; dann folgt er ihnen schnell. Die Terrasse bleibt leer.

Aus der linken Treppe heben sich nach einigen Augenblicken die Köpfe zweier Frauen, Abigails und Silpahs. Sie sprechen erst flüsternd, dann lauter. Das Blau des Morgens füllt die Luft mit durchsichtiger Halbhelle, in der der Leuchter gelb brennt.

SILPAH *flüsternd* Er vergaß das Licht, als er hinabging schlafen.

ABIGAIL *leise* Nicht auf den Kissen?

SILPAH *laut* Niemand, Abigail. Meine Augen sind alt, ja, aber trübe – nein, behüte Gott!

ABIGAIL Daß er mich behüte! *Sie setzt sich auf die Dachfläche, die Füße auf der letzten Treppenstufe, das Kinn auf die Fäuste gestützt und das Gesicht nach vorn gewendet, versteinerte Züge und ganz große Augen.*

Schweigen.

SILPAH Ist's recht, daß du nicht ein Wort geredet hast auf dem ganzen Ritt und aussahst im Gesicht wie Stein? Ich sah doch, der Jüngling bewegte dein Herz.

ABIGAIL *vor sich hin* Bewegte. Bewegte.

SILPAH Du vertraust mir nicht mehr, weil ich dich vorhin schalt. Dennoch haben Menschen Worte voll Trost. Kann ich dir nichts Freundliches tun, Abigail, da wir wieder glücklich daheim sitzen?

ABIGAIL *leise* Silpah, ich muß sterben. *Aus ihren Augen beginnen Tränen zu fallen.*

SILPAH Weine, Tochter, immer weine, Kindchen, laß gehn die Tränen. Jedes Herz waschen Tränen rein von Leid; der Herr legt seinen Finger drauf und macht es heil.

ABIGAIL ... Mein Leben ist verspielt, Silpah! Zurückgestoßen Gottes Hand, nicht verstanden Gottes Ruf! Da fleht ich zu ihm jede Nacht: Herr, Herr, rette mich! Wirf deinen Boten zu mir!

SILPAH Aber er kann ihn noch schicken. Wir sahn ihn noch nicht.

ABIGAIL Heute nacht! den Engel, den Helfer, geredet aus

seinem Wort? Er sprach, und ach, wie stieg sein Ton so süß: Abigail, komm mit mir! Und da innen rief einer Antwort: Geh mit ihm! – immer stärker… aber ich floh vor ihm…

SILPAH O Töchterchen, das ist nichts als Liebe, es schwindet mit den Tagen. Du wirst bald leichter dran tragen, es vergeht sacht.

ABIGAIL Einer in mir ringt unablässig die Hände, bereut, bereut.

SILPAH Du hast Gott gehorcht! Er gab dir dein Haus.

ABIGAIL Warum, o warum blieb ich nicht! Es zerrte mich ja zu ihm! Den ganzen Weg aus dem Hufschlag schrie's: Kehr um! Zurück! Und ich dachte: Ja, zurück, zurück – und ritt, ritt, ritt hierher! Ich bin nicht mehr Herr in mir – – das ist's.

SILPAH Gott treibt uns wider den Willen gut.

ABIGAIL Nabal war's. Ich weiß, er hat mich verflucht, der Weise, der Schänder, ich bin ein Gefäß für üblen Zauber. Speie mich an, Silpah, tritt nach mir! Mein Freund kam mir nah – da schrie ich die Augen meines Peinigers an! O Weib, Weib, Weib! *Sie schlägt ihren Kopf mit beiden Händen.*

SILPAH Nicht rasen, Herrin, liebe! Alle Männer glotzen mit gleichen Augen, wenn sie vor uns stehen wie Hunde vorm Napf.

ABIGAIL Magd! Ich habe nur diese beiden Paare Augen gesehen mein Lebelang. Aber es war ein Zeichen, ja. Laß sehen, wofür… Mein Kopf tut mir weh davon…

SILPAH Mußt hinabkommen, schlafen, Kindchen! Ich will dir Tücher aufs Gesicht legen, in Wasser getaucht!

ABIGAIL Nein, ich muß denken. Nabal ist wie mein Inneres ausgedehnt in mir. Nachts jagt's mich auf, seinen Willen zu tun. Sein Leben zu retten vom Tode, jagt's mich auf zu Feinden hin. Drum muß ich meinen Kopf im Hof zerschellen vom hohen Dach.

SILPAH Herrin, um Gott! Gegen Nabals Schwur, gedenke doch! Was ging's ihn an!

ABIGAIL Aber wir zogen doch – dorthin!

SILPAH Die Knechte zu retten! Das Haus zu retten! All diese Frucht deiner Sorge zu retten! Wie du Feuersbrunst mit Güssen gelöscht hättest im Vaterhaus, ohne Furcht vor Funken und Brand – deshalb!

ABIGAIL Wahr! Wahr! Ja, Silpah, ja! Nun ist's um mich getan. *Sie sinkt zur Erde.*

SILPAH *bei ihr* Herrin, Liebling, was Neues packt dich?

ABIGAIL *hebt das Gesicht* Getäuscht, belogen! Ich war noch nicht sein, als ich auszog! Verschenken konnt ich mich, konnte fliehn!

SILPAH Kind, Kind, nicht so um dich blicken, nicht so deine Hände zerdrücken!

ABIGAIL *in den Knien aufgerichtet* Einer wird mich fassen mit Händen so kalt wie Stahl, sein Blick wird mein Herz zerschneiden, des Engels Blick mit schwarzem Antlitz... mir schaudert... *Birgt das Gesicht in den Händen.*

SILPAH Du liebe Jugend! Wie leicht spricht sich's: Sterben...

ABIGAIL Ich werde das Vieh nicht mehr brüllen hören, den Tauben keine Körner mehr streuen, gelben Mais...

SILPAH Hast ja noch keine Kinder geboren! Gott sammelt nicht ein ohne Frucht, dich nicht.

ABIGAIL Ja, die Kinder: die auch. Die Kleinen, die im Hofe spielen, die werden nicht mehr zu mir laufen. Und die Kleinsten, die holden, vergessen mich zuerst, nach wenigen Tagen.

SILPAH Ich gehe hinab. Wer will das ertragen...

ABIGAIL Aber er, mein Liebster, Gottes Freund! *Fällt Silpah in die Arme.*

SILPAH Frau, Frau!

ABIGAIL *löst sich halb von ihr* »Bist du Nabals Tochter?« Er hielt mich für Nabals Tochter... O Liebster, Liebster, warum hast du mich geehrt? Wirst du an mich denken? Vergiß mich nicht, die ich aus Liebe sterbe. Singe ein Lied auf meinen Tod, damit es die Mädchen singen, wenn man Licht anzündet, damit es die Knaben vor den Mauern singen, ein Bittlied allen, glücklicher zu sein als ich.

SILPAH Vielleicht will dich der Herr nur prüfen? Ist er Davids Freund, kann er einen Engel aussenden und Nabal befehlen, daß du darfst zu deinem Helden gehn.

ABIGAIL Es müßte ein eherner Engel sehr eilig kommen, dem Nabal alles zu weisen von dieser Nacht...

SILPAH Ja, das muß Gott selber tun, im Traum durch den Engel. Ein Mensch wär des Todes.

Eine ganz kurze Stille. Dann

ABIGAIL *hart und erlöst* Ich tu's! Ich tu's! Ich selbst!
SILPAH Abigail! Er ist Richter hier! Er hat das Schwert!
ABIGAIL Sein die Schuld! Mein der Tod! Wehe über Nabal!
SILPAH Wehe über dich!
ABIGAIL Er hat mich zerbrochen. Ich will ihm antun, was ich kann.

Vierte Szene

Nabal steigt an der rechten Treppe heraus. Blaue Dämmerung, kurz vor der Sonne und fast hell.

NABAL Spricht jemand dort? Wer spricht dort?
ABIGAIL *faßt Silpah jäh beim Arm* Zu mir, Nabal...
NABAL Deine Stimme, Abigail... Finde ich dich... in dieser Stunde...
ABIGAIL *unsicher* Allzu heiß unten die Luft... Wir stiegen hinauf – kannst du doch nicht einschlafen unter den Sternen.
NABAL Die Magd soll gehn.

Silpah neigt sich und geht einige Schritte, das Gesicht immer Abigail zugewendet.

ABIGAIL *streckt die Arme aus, angstvoll* Silpah! *Zu Nabal* Soll ich nicht... *Sie strebt zu der Alten hin.*
NABAL Bleib, bleib! *Er preßt die Hände gegen die Brust.*
ABIGAIL *leise* Sende dem Knaben Botschaft, wenn... *Laut, gütig* Schlaf wohl!
SILPAH Deine Hand! *Beugt sich, küßt ihr die Hand und geht. An der Treppe, ehe sie verschwindet, schlägt sie die Hände vors Gesicht.*
NABAL *ausbrechend* Abigail, wie ich dir danke, daß du nicht schliefst! Ich will glauben, daß dir Worte mehr sind als

Luftklang... Du begreifst nicht, blickst erstaunt; ich weiß das, es entgeht mir nicht. – *Atmet tief, dann hingerissen* Die Brust speit Worte wie Blitze aus Wolken. Worte sind schwaches Zeug, ich weiß. Aber wir haben keine Flügel, damit wir in Luft schweben, trunken donnern, eine Höhe fühlen, daß uns schaudert – so müssen wir Kot uns in Worten ausspritzen. Ah, was sind wir für Leben! Die Adler schuf er aus Wind!

ABIGAIL So wilde Augenblicke? Doch vielleicht erlebte ich einst solcher einen.

NABAL Begreifst du, begreifst? Man sollte schweigen, eine Feier machen in stummer Hoheit wie auf Gipfeln; den Sturm zwingen, sich fühlen als Stärksten. Schwäche wär's! Ungewiß, den Flügeln der Seele zu trauen, wie der Adler traut, dem Sturm und Tosen unter den stillen Schwingen stehn. Schweben, sich tragen lassen!

ABIGAIL Was für unerhörte Dinge geschahn diese Nacht?

NABAL Ich will es dir nicht sagen. Ich kann es dir nicht sagen. Einer warf den Arm hinauf, wie Gottes geschwungenen Arm, riß sich empor über Versucher und schönen Trug und sieht nun unten tief vorüberrauschen wie einen goldenen Strom tragend alle Dinge des Lebens – – und er hat sich gerettet! hat sich bewahrt! steht atmend da, goldtriefend, ein König über jedem König, und fühlt in seiner Brust die Ruhe glühn unantastbar, weiß, sie verläßt ihn nicht mehr, und lebte er so viele Tage wie... Erstaun ich dein stilles Herz? Gib mir den Becher. Genug, genug. Gefaßtheit. Schweigen.

ABIGAIL *langsam* So große Dinge fühlst du also, Nabal! Wie lange lebten wir doch beieinander, eng genug? Du hast sie mir nie gezeigt... *Scherzenden Tones* Heut ist's nun spät; doch will ich dir redlich dafür danken.

NABAL Vergiß es. Wenn die Sonne aufgeht, soll es nicht gewesen sein, nichts rühre daran.

ABIGAIL Ich will's vergessen haben – dann.

NABAL Gut so, gut. Wir wollen über leichte Dinge reden, bis der Morgen scheint. Dann werd ich müde sein. Du hast deinen schönsten Mantel umgelegt; nachtblau, ich hab ihn dir... Die Spange Jaspis und zwei Lynkurer. Er hindert dich. *Er greift ihn über ihrer Brust.*

ABIGAIL *beugt sich weit rückwärts* Mir schaudert vor dem Wind...

NABAL *freundlich* Komm zu den Kissen. *Sie nähern sich dem Tische, nach zwei kleinen Schritten bleibt sie stehen und sieht sich wie nach Hilfe um. Nabal gelagert* Komm, Kind!

ABIGAIL Ja, Herr, wenn ich denn muß. *Sie tritt entschieden zu ihm.*

Fünfte Szene

NABAL Gib mir den Becher. *Er trinkt.* Nimm selbst, er wärmt.

Während sie das Gefäß mit beiden Händen hält, öffnet er die Spange, der Mantel gleitet herab, und sie steht in einem langen, engen Gewand, hell, mit halben weiten Ärmeln und am Halse weit und rund geschlossen.

ABIGAIL *ruhig* Dank, Herr. Ja, es gibt Wärme.

NABAL Komm her zu mir. Näher, Abigail... *Sie setzt sich auf das Lager.*

ABIGAIL Herr?

NABAL Ich sehe, wie schön du bist.

ABIGAIL Ich, deine Magd?

NABAL Weißt du noch, wie ich dich unterwies? Ist's lange zurück? Mir zeigen alle Tage gleiches Gesicht, ich zähle sie nicht mehr. Aber sie machten dich sehr schön.

ABIGAIL Ein Weib hört das gern.

NABAL Bleibe so. Ich wandte mich von dir, warum? Damals sah ich einen guten Grund. Etwa, weil ich fühlte, daß du Dinge haben und mitbesitzen wolltest, mir nahe Seelendinge, ungemeine, die ich mit keinem teilen konnte? Die du umgingst in meinem Hause und auch umgehn wolltest in meiner Seele wie in meinem Hause?

ABIGAIL *fährt auf* Errietest du? Und schwiegst? Ließest mich draußen, schwiegst?!

NABAL Eine Zuflucht muß ich der Seele wahren, ganz allein für mich. Ich weiß nicht, ob es Männer gibt, die alles, ganz, mit Frauen teilen: Seele und Fleisch, Traum, Drang und Wissen – ich kann's nicht. Dein Auge schrie danach, brach meine Ruhe. Dich nicht zu betrügen, sagt ich: Geh. Doch mag es immer sein, daß drin auch Sattheit war.

ABIGAIL Indes ich vor Gram verging... haßte diesen Leib, unfruchtbar und unbegehrt...

NABAL Heute aber bin ich deiner nicht mehr müde. Du erscheinst verändert und sehr begehrenswert...

ABIGAIL So bin ich glücklich...

NABAL Vielleicht verschönte dich der Gram. Tränen treiben die Seele ins Angesicht, und der Mensch ist wie neu.

ABIGAIL Allein...

NABAL Sprich doch. Sprich dich aus. Ich will alles hören, ich fühle große Geduld für alles um dich. Mir ist, als wärest du liebenswert – und kann einer wissen, ob ich dich nicht jetzt schon liebe!

ABIGAIL Ich dachte: ist's nicht gefährlich, Weiber weinen zu machen?

NABAL Oh, über die entsetzliche Gefahr, von Frauen drohend – wem und wie?

ABIGAIL Ob es nicht Weiber gibt, die dann dem Gatten grollen?

NABAL Wehrt man's euch? Grollt nur, grollt.

ABIGAIL Da liegen sie einsam in den Nächten und fühlen ihre Schönheit verrinnen wie Sand aus einer Uhr, dem niemand zusieht, und sind wach...

NABAL Nun, Kluge? Unverzagt!

ABIGAIL Denken sie dann nicht an andre Männer?

NABAL Andre!... Wer hat in diesem Lande eine Frau, die Männer kennt?

ABIGAIL Vielleicht sahn sie einen in ihrer Jugend, und er gefiel ihnen wohl. Oder an einen Gast des Herrn, oder an einen Pilger, der vorüberging, abends, wie sie auf ihres Hauses Dach lagerten. Vielleicht an einen Knecht, der Ochsen treibt, mit nackt glänzenden Armen; vielleicht auch an den König des Landes.

NABAL *irgendwie berührt* Sonderbar sprichst du und sehr beredt. Ich höre gern deine Stimme, sanft und schön, auch wenn du irrst. Haben sie doch näher und sicherer den Gatten; so werden sie wohl sinnen, wenn sie denn schon wachen, wie sie ihn wieder zu ihren Brüsten fangen.

ABIGAIL Wie du uns errätst! Wohl, Herr, wir mögen nicht an

Fremde denken. Aber können wir dann nicht im Schlafe bei ihnen sein? Träumen von ihnen, mein ich...

NABAL Sprich nicht von Träumen. Es ist ganz widerlich zu denken, daß neben mir ein Weib liegt, mir zugehörig und eben jetzt halsvoll von Fremdem.

ABIGAIL Wie kühn fällt da der Zaun um Wünsche... Es hält auch keine Ordnung mehr, man will nichts mehr, man weiß nichts mehr – ah, es ist süß zu träumen... Das Unmögliche kommt leibhaft, hebt sich sacht und schleicht in unsern Traum... Warum nicht leicht eines Fremden Schemen?

NABAL Ich fürchte fast – du träumtest. Zwar sahst du Nabal, und ich holte dich heraus aus Armut und Alleinsein –

ABIGAIL Allein dann, Nabal, ausgestoßen zum Verwundern schmutziger Mägde und gefräßiger Hirten, in jedes Maul gelegt und preisgegeben dem Mitleid niedern Volks...

NABAL Dein Schweigen foltert, als wär's voll heimlicher Lügen. Sprich weiter, trau dich heraus!

ABIGAIL Ich mag nicht lügen.

NABAL Wahres verschweigen ist schlimmer als lügen. Mich dürstet sehr. Du zerrst an meiner Ruhe, die ich um mich faltete wie eine Decke.

ABIGAIL Nimm Wein.

NABAL Ständ Wasser, kaltes Wasser hier!

ABIGAIL *schnell aufspringend* Laß mich schnell hinab zur Zisterne, Nabal! Soll ich? Darf ich?

NABAL Bleib, bleib. Gib Früchte, ah! *Ißt gierig.* Weht's hier nicht sehr heiß? Die Sonne schon?

ABIGAIL *über ihn gebeugt* Herr, deine Brust geht unruhig, und ängstlich zuckt's in deinem Gesicht...

NABAL *versucht sich aufzurichten* Ich trank sehr vielen Wein diese Nacht. Von Träumen sollst du sprechen, sprich.

ABIGAIL *zögernd* Ich habe nie von Erkennbarem geträumt – soweit ich's weiß. Aber ich fühl's, ich könnte – von ganz Unbekanntem träumen.

NABAL Du quälst mich... Abigail, gib's von dir! Gib alles, was du weißt!

ABIGAIL Ich mag geträumt haben, ja. In mancher Nacht, wenn die Stunden um mein Lager gingen, und endlich fielen die Lider...

NABAL Da kam der Traum?

ABIGAIL Vielleicht. – Ich wachte jäh. Aber dann, wenn ich nun saß, und in der Sonne tanzten bunte Stäubchen: Was hast du doch geträumt? Dann fühlte ich, als hätte nachts ein Wesen dagestanden, hätte mich mit hellen Augen angeschaut – sonst nichts...

NABAL Das ist nicht alles. Du verbirgst mir, Abigail, du lügst jetzt. Ich sehe dir im Auge jede Lüge auftauchen mit verhülltem Haupt.

ABIGAIL Ich fürchte mich...

NABAL Wovor denn, Weib?

ABIGAIL Du – tötest mich...

NABAL Kindisch, kindisch... Was Furchtbares hast du denn zu sagen? Knechte empören sich, werden blutblind, töten mit dem Maule... Knechte, Knaben, dumpfes Volk, da unten.

ABIGAIL *wie ein Steinwurf* Ich träumte diese Nacht.

NABAL *getroffen* Ah. Diese Nacht... Laß dich ansehn. Ganz nahe; noch näher. – Von wem?

ABIGAIL Ich sah ihn nie. Ein Traum, wirr und sonderbar... Da wehten Eichen, auch Sterne. Gewiß, es waren Eichen. Feuer brannten, Nacht. Hohe Wände ragten um mich.

NABAL Ein Haus? Dies Haus? Wohl eines Fremden Haus!

ABIGAIL Felsen, Herr. Ich zog talwärts mit Fackeln, Diener folgten und Mägde. Dort war er, der Mann... ach, wie jung... ein König sieht so aus.

NABAL Abigail, du sahst den König nie! – Trug er die Krone? Ich war's nicht, dieser König?

ABIGAIL Nicht Krone noch Purpur. Und gar nicht dein Antlitz. Ich wußte, es war der König.

NABAL Gib's von dir, Weib, wie du mich quälst... greifst meine Seele mit Fingern und zerrst.

ABIGAIL Wie gern schweig ich, Nabal! Noch jetzt!

NABAL Jetzt kein Verstummen mehr. Ich muß zuvor die Augen schließen. Gut, ah... Ich habe nicht geschlafen. Weiter, weiter!

ABIGAIL Der König grüßte mich Königin... und küßte mich...

NABAL Du gehörst zu mir! Mein sind selbst deine Träume!

ABIGAIL Nun zürnst du dennoch...

NABAL Ich bin erregt, mehr über mich. Ich stellte mein

Leben auf dich – du gehst seit heut nie mehr von meiner Hand.

ABIGAIL *auffahrend* Herr!

NABAL Ich will deinen Atem hören des Nachts. Du sollst mich fühlen bis in den dichtesten Schlaf. Ich will meiner Macht gewiß sein – soll ich um nichts dem Fremden das Schaf geweigert haben – getrotzt dem Zinseintreiber David?

ABIGAIL David?! Nabal, der Name schrie in meinen Traum!

NABAL Der Name? Dieser Name…?

ABIGAIL Er. Er. Viele Männer grüßten den Jüngling, der mich küßte.

NABAL Lüge nicht! Sag, daß du lügst! Du hast etwas im Hof gehört und lügst nun, dein Herz zu verbergen. Du Schar von Maulwürfen tückisch unter meinen Sohlen! *Bittend* Nicht wahr, du logst?

ABIGAIL Ich grüßte ihn! Ich neigte mich, daß meine Haare aufgelöst die Erde rührten. Heil David, du König von ganz Israel! Da küßt' er mich.

NABAL *zurücksinkend* Ich werde… Weib! Weib!… Jahre verfälscht und angemaßt…

ABIGAIL Entbrennst du schon und weißt noch nichts?

NABAL *reißt das Kleid auf* Saul, o Saul! Verheißne Stunde, vernichtetes Leben! Die Peitsche für dies Weib!

ABIGAIL Ich weiß, du tötest mich. Komm an! *Nicht fern von ihm, den Kopf zurückgebogen und die Arme zum Umarmen weit* Ich ward gerächt diese Nacht! Suchte den Knaben am Brunnen, trug ihm Wein und Schafe, alle Wünsche, und mich, mich, Abigail, dein Geschöpf.

NABAL *stützt sich auf den Tisch* Schweig, schweig! *Schreiend* Schweig!

ABIGAIL *jauchzend* Diese Arme umwanden ihn. Er faßte diese Hüften und lachte dein!

NABAL *macht zwei Schritte auf sie zu* Das ist kein Traum. Das ist gelebt!

ABIGAIL Ja, Nabal, ja, ja, ja, Nabal! Frei von mir – los von dir, du Kühler! *Wie Hiebe* Sichrer! Unberührter! Weiser! *Wie er das Schwert findet, zieht und mit gesenkter Waffe auf sie losgeht, schließt sie angstvoll die Augen, schreiend* David!

NABAL *neigt sich ein wenig vor, wie um besser zu hören. Er betrachtet lange die Kniende, nickt ihr zu, blickt das Schwert an, schüttelt den Kopf und sinkt in sich zusammen, wird gleichsam kleiner. Er nickt nochmals, wendet sich ab und tut zwei Schritte, wobei das Schwert nachschleift. Darauf bleibt er stehen und sagt halblaut, in Pausen, für sich hin, wie erwägend* Kühl; sicher; weise; und unberührt. Und jetzt? Und dies? *Er nickt mehrmals für sich hin, dann schreitet er fest und ganz nüchtern zur Brustwehr. Das Gesicht der aufgehenden Sonne zugewendet, sagt er schlicht und feierlich* Gesegnet sei, der da bringt das Licht und das Recht! *Dann kniet er nieder und ersticht sich, ohne daß man es deutlich sieht. Der schwere Körper stürzt, das Schwert fällt klirrend.*

ABIGAIL *öffnet indes die Augen, unbegreifend, daß sie noch lebt, und sieht Nabal nicht. Fall und Klirren reißen sie empor, sie läuft herzu, bückt sich, tastet, erblickt und jagt in den schon besonnten Teil der Terrasse, so weit sie kann. Ihre Hände sind blutig, sie streckt sie weit von sich und schreit* Nabals Blut! Nicht meine Zeit! Der starke Engel! David! David! *Sie wird vor Erregung schwach, bricht in Tränen aus, läßt sich in die Knie sinken, und da sie die Hände nicht brauchen kann, legt sie ihr Gesicht auf den Arm.*

DIE SENDUNG SEMAELS

Jüdische Tragödie in fünf Aufzügen

Geschrieben 1913

Ursprünglicher Titel »Ritualmord in Ungarn«

Bearbeitet 1918

Personen

Stimme des Elohim
Jizchak, *der Patriarch*
Der Prophet Elijahu
Noah
Habel
Rabbi Akiba
Baalschem
Semael, *der Satan*
Jacob Pfefferkorn, *ein Dämon*
Die Dummheit
Zwei Teufel
Moritz Scharf, *13 Jahre alt*
Sein Vater, *Synagogendiener*
Seine Mutter
Der Vorsteher der Gemeinde (Rabbiner)
Der Vorbeter
Der Schächter
Jacob, *Schenkwirt*
Jizchok Leim } *Hausierer*
David Krakauer } *Hausierer*
Esther Solymosi
Ihre Mutter
Von Onody
Von Istoczy
Bary, *Referendar und Untersuchungsrichter*
Der Schreiber
Der Pandur
Der Gendarm Schlosser
Der Gendarm Kovacz
Präsident von Korniss
Staatsanwalt Szeyfferth

Dr. Eötvös
Dr. Funták
Dr. Friedmann
Dr. Heumann
Rechtsanwalt
} *Advokaten*

Ein Arzt
Ein Jude
Eine Jüdin
Ein alter Zigeuner
Ein junger Zigeuner
Ein Zigeunerweib
Zwei Bauern
Zwei Bäuerinnen
Angeklagte Juden
Bauern
Knechte
Zuhörer
Die Menge
Knaben
Mädchen
Zwei Kinder
Berichterstatter
Soldaten

Ort: Außerhalb des irdischen Raumes und in Südungarn
Zeit: Außerhalb der irdischen Zeit und von April 1882 bis Mai 1883

Erster Akt

Erste Szene

Vor dem Throne des Elohim, in einem ganz leeren Raume, durchströmt von weißem, strahlendem Licht, steht Semael, der Satan, schwarz und trotzig, gestützt auf einen Stab; das Haupt gesenkt, spricht er laut vor sich hin, und von weit und oben antwortet ihm die Rede Gottes.

STIMME DES ELOHIM Ich rufe dich, Semael.

SEMAEL In den Tiefen Ge-Hinoms vernahm ich deinen Ruf, auf goldenen Flügeln erbrauste er. Ich trotze dir, ich stehe vor dir, Haupt geneigt, aber mit starrem Rücken – Haß fraß mein Blut wider deinen Zwang: aber ich kam, denn die Herrschaft ist dein.

STIMME DES ELOHIM Ich sehe die Glorie meines Hauptes in ihrer Verbannung, ich sehe ganz fern ihre irrenden Augen erhoben zu mir. Da entbrennt mein Herz in Sehnen, da recke ich die Arme, sie zu trösten und ihr zu winken. Es ist die Weile, sie zu nähern. Du aber bist der Engel des Antriebs in dieser Zeit.

SEMAEL Was gabst du sie hin an die Dinge, da du sie machtest? Und zu was Ende schufest du, Unbegreiflicher, die Welt? Einsamer, der du erhöht saßest über strahlender Leere, eins mit dir und so groß, daß ich mich davor entsetze: was teiltest du dich aus an uns? Warum bin ich, erst dein Licht und dein Schatten nun? Und was soll dir der elend stammelnde Mensch?

DIE STIMME Welt ist mein Weg zu mir, und Mensch ist der Weg der Welt zu mir.

SEMAEL Der Mensch? Zwitter von Dunkel und Hell, das frierende Tier, das sein Gesicht dir hinhält hilflos wie ein Gefäß?

DIE STIMME Semael, der mir am hellsten zujauchzte in den mächtigen Tagen, da die Kreise des Seins sich umeinander bogen, der lobsingend ihren Sinn sah klarer als die Cherubim, siehe, es geht kein kleines Ding der offenbaren Schöpfung mehr ein in dich.

SEMAEL So sage mir den Menschen! Sage mir, warum du mir Teil ließest an ihm allein von dem oberen Reich!

DIE STIMME Der Mensch ist gesandt, mich zu einen mit meiner Glorie. Der Mensch ist gesandt, zu wählen zwischen mir und dir, das ist seine Kraft, wie die Kraft der Sterne ist, zu scheinen. Darum hast du Rast und Reich auf der Erde des Menschen.

SEMAEL Bin ich über das Leid der Erde gesetzt darum? Bin ich der Fürst des Leids darum? Hast du darum mich hineingestürzt in den Knäuel von beißender Qual, als ich meine Faust hob wider dich am Urbeginn, mich, den Stolzesten, der erhoben ging über dem allen, daß ich Rasender mich verschlinge im endlosen Wirbel von Schmerz und Sterben? Alle Schreie der Welt wüten mit Fäusten an mein wildes Herz! Ich spanne meine Flügel aus, und rechts und links tauchen sie in Elend, die Erde sehe ich kreisen unter mir, und wo meine Augen hintasten, ziehen sich Ringe von Gram um den rollenden Ball! Darum hasse ich dich, ich hasse dich.

DIE STIMME Tobe wider mich, o du Abgefallener vom Sinn – ich wehre dir nicht. Auch du bist ein Bote meines Willens an die Ewigkeit. Und weißt du auch vom Leide Gottes?

SEMAEL Ich verfluche die Ewigkeit. Ich sehe die Zeit, ich muß den Schrei der verächtlichen Zeiten hören in meinem Blute. Die Erde ist voll von Grauen und unendlichem Tod, aber dein Fluch weckt Jahr um Jahr neuen Frühling, neue Geburt. Darum will ich endgültig töten, dir entgegen. Ich will den letzten Tod auf die Erde bringen und das Geschlecht des Lebens auslöschen. Dann wird die süße Ruhe des Endes über der Erde hängen, Nichtsein wird sie einhüllen, und das Leid wird endlich, endlich schweigen. Aber wehe mir, ich kann nicht verderben, ohne das Leid der Kreatur zu wecken, zu wecken mein Leid!

DIE STIMME Semael, du tilgst die Erde nicht aus und nicht ihr Leid. Die Sonnen entrollten meiner Hand, und ihr Leuchten gab ich einer jeden, die Sphären der Planeten ordnete ich, und sie singen mir. Aber die Zeit erfüllen kann nur der Mensch. Die Seelen der Menschen tragen meine Einung in sich, die Seele meines Volkes bringt meinen Gesalbten herauf, meinen Erlöser. Maschiach kommt. Die Schechina kehrt heim, ich werde eins sein mit meiner Glorie. Ich verheiße das Ende des Leids am Ende der Zeit.

SEMAEL Nie endet die Zeit. Nie das Leid. Nie kommt der letzte Maschiach, der mich tötet und nicht ich ihn. Keiner hielt stand! Ich leugne dir's. Ich trotze dir! Nie kehrt die Schechina zurück zu dir!

DIE STIMME Knecht! *Der Satan fällt auf sein Gesicht.* Das Herz meines Volkes soll erglühen in Läuterung. Die Funken der Seelen sollen aufsteigen, sie sollen Maschiach rufen im Sturm der Verzweiflung. Bringe die Lüge des Blutes über die Häupter Israels, und diene, Knecht!

Semael auf den Knien, tief geneigt, breitet die Arme empfangend und ergeben aus.

Zweite Szene

Straße an einem Strom in Ungarn, Wald und Gebüsch tritt an den Weg heran, der am Ufer entlanggeht. Freitag nachmittag; die Sonne liegt breit auf dem schnellziehenden Gewässer und auf den hellen grünen Büschen, den Blumen und den dichten Bäumen, denn es ist Frühling. Zwei Juden kommen den Weg entlang; sie setzen die Hausierpäcke ab, die sie auf dem Rükken tragen, und ruhen aus.

DER ERSTE JUDE *ein älterer Mann, mit dem Kaftan bekleidet, hohe Stiefel an den Beinen, mit grauem Bart und Schläfenlocken* Wir haben noch Zeit. Noch drei, vier Stunden bis Lichterzünden.

DER ZWEITE *gekleidet wie jener, aber jünger* Die Tage sind lang genug, aber das Geld ist desto kürzer. Schwarze Tage, Reb Jizchok Leim! Die Bauern hetzen die Hunde, und die Knechte werfen mit Erdbrocken.

DER ERSTE Sind doch wenigstens keine Steine, und die Theiß hat Fische genug für Freitagabend. Man muß zufrieden sein. Ihr mit Eurem jungen Rücken!

DER ZWEITE Ihr werdet das auch noch weiter tragen können

als bis Tisza Eszlar, Reb Jizschok – Eure Schultern, unberufen … Wenn bloß Peßach vorbei wär! Meine Lippen sollen nicht zum Bösen reden – was für Zeiten, mein Gott …

DER ERSTE Laß die Leute schreien und die Hunde knurren. Besser, sie kaufen uns ab mit Schimpfen, als sie kaufen nicht mit guter Mien'. Wollt Ihr kommen? *Ergreift die Tragriemen seines Kastens.*

DER ZWEITE Ich helf Euch, ich helf Euch. *Das seine aufnehmend* Nun, hab ich Euch warten lassen? Wann wird Euer Jüngster barmizwoh? Vor Schewuos, denk ich?

DER ERSTE Einen Schabbos vor Schewuos. Schon lange kein Sohn mehr zur Thora gerufen worden in unsrer Gemeinde. Der Moritz vom Schammes war der letzte.

DER ZWEITE Josef Scharfs Ältester? Ein viertel Jahr schon her, großer Gott!

Sie gehen vorüber; einen Augenblick bleibt die Szene leer.

EIN JUNGES MÄDCHEN *dörflich gekleidet und ziemlich hübsch, kommt aus den Büschen vor. Sie streckt den Juden, die schon verschwunden sind, die Zunge aus; dann lacht sie* Äh, solche Juden, pfui der Teufel! *Spuckt aus; nachäffend* Hat die Theiß wenigstens Fische genug für Schabbesabend! Sollen lieber euch die Fische fressen, die Hechte und die Krebse! – Das ganze Dorf ist ihnen schuldig; weiß der Teufel, wie ihr's macht, schwarze Äser! Meine Mutter auch. *Sie kniet am Flusse nieder und zieht eine Schnur ein, die ins Wasser taucht; ein Korb wird sichtbar, sie schaut hinein – es ist eine Krebsreuse, aus Weidenruten geflochten.* Noch keiner drin. Es ist auch noch zu früh. *Sie läßt den Korb wieder ins Wasser gleiten, singt*

Krebs, Krebs Kraucher,
Komm, du schwarzer Taucher,
In dem Körbel süßes Fleisch,
Das ist doch dein Himmelreich …

Ein Mann im Jägerkleid mit Flinte kommt quer aus dem Wald und bleibt beobachtend auf dem Wege stehen.

ESTHER Wenn die Sonne erst unten ist, dann riechen sie's schon. *Sich aufrichtend streicht sie die Kleider zurecht.* Dumme Viecher, kriechen können sie und liegen doch Tag und Nacht im Wasser wie... *Sich umdrehend* Jesus Maria, der Herr!

VON ONODY *der Gutsbesitzer, ein großer Mann mit rotem, triebhaftem, jetzt zornigem Gesicht, starkem Schnurrbart, die Hände in den Taschen der Hose* Was? Was gibt's da, wie? Krebse stehlen, wie? Himmeldonnerwetter noch mal! Was machst du denn da, du Sau! Wer hat dich denn das geheißen, wie? Wie heißt du? Schnell!

ESTHER *ängstlich* Solymosi Esther... Verzeihen der gnädige Herr Baron von Onody...

VON ONODY Maul halten! Wem gehören die Krebse da im Wasser?

ESTHER ... Dem gnädigen Herrn Baron von Onody.

VON ONODY Hast Angst jetzt, gelt? Ja, mir gehören sie. Und wenn du mitnimmst, was mir gehört, was ist das? Na, los doch, hast's doch beim Pfarrer gelernt.

ESTHER ... Stehlen...

VON ONODY Jawohl, Stehlen ist das. Und was kann ich jetzt mit dir machen? Einsperren laß ich dich, wenn ich jetzt will!

ESTHER ... Gnädiger Herr...! *Sie weint vor Angst.*

VON ONODY Na, so schlimm wollen wir's nicht machen. *Die Büchse an einen Baum lehnend* Bist ja eine hübsche Dirn, und die gehören anderswohin als ins Loch. Nun hör auf, ich tu dir nichts, diesmal. *Ihre Brust umfassend* Bist wahrhaftig hübsch, Mädel! Einen Kuß hab ich mir doch verdient, wie? *Küßt sie.* Hast schon einen Burschen?

Esther schüttelt den Kopf.

VON ONODY Warum nicht? Zu arm? Da kann man ja abhelfen. Wie alt bist du denn, Esterka? Heißt doch Esther, hast du gesagt. Verfluchten Judennamen schleppst du da mit dir. Na, wie alt?

ESTHER ... Siebzehn. Allerseelen werd ich achtzehn.

Ein Schweigen.

VON ONODY Komm mit... habe da eine Tasche, kannst du mir tragen... aufs Gut, nicht schwer... *In den Wald vorangehend* Komm! *Verschwindet.*

ESTHER *steht zögernd nahe dem Ufer* Ja... ja, Herr... *Folgt nicht.*

VON ONODY *kommt zurück* Vorwärts... mach voran! *Streckt die Hände nach ihr aus.*

ESTHER *zwei Schritte weichend* Nein! Nein! *Indes sie noch einen Schritt tut.*

VON ONODY Frauenzimmer! Der Fluß!

ESTHER *stürzt rücklings ins Wasser* Hilfe! Maria hilf...

VON ONODY Schwimm! Schwimm! Mein Jesus, ich kann doch nicht... *Entschlußlos hin und her.* Rock aus... Stiefel aus... *Mit Gesten andeutend, ohne das Geredete zu tun* Kein Ast langt hin... Da: weg! O Gott, oh... Sollt ich mit ersaufen...? Barmherziger, was bin ich solch feiges Schwein! *Kniend* Oh, sprich mich los, Herr Jesus! Ich bin unschuldig! – Wenn einer mich sähe! *Entflieht, die Büchse greifend.*

Dritte Szene

Dorfstraße; vor dem Häuschen seines Vaters – in der Nähe ist die Rückwand der Synagoge sichtbar – sitzt der dreizehnjährige Moritz Scharf lesend.

FRAU SCHARF *in der Schwelle stehenbleibend* Moritz, wo ist der Vater?

MORITZ Wo wird er sein? Die Leuchter wird er richten in der Schul.

FRAU SCHARF Könntest auch gehen ihm helfen, Moritz, mein Söhnchen.

MORITZ Hör mal, Mutter! *Liest vor* »Und sprach zu seinem Volke: Siehe, des Volkes der Kinder Israel ist viel und mehr denn wir« – das ist doch eine Lüge, der Pharao hat gelogen, Mutter! – »Wohlan, wir wollen sie mit Listen dämpfen, daß ihrer nicht zuviel werden. Denn wo sich ein Krieg erhübe, möchten sie sich zu unseren Feinden schlagen und wider uns streiten und zum Lande ausziehn.« Der Pharao, das ist, was jetzt König ist, Mutter.

FRAU SCHARF Glaubst du, ich weiß nicht?

MORITZ Damals war der König der erste beim Steinschmeißen. Ist unser König auch ein so bissiger Hund?

FRAU SCHARF Unser König ist ein guter Kaiser und wohnt in Wien.

MORITZ Ich weiß, Wien. Es ist so weit. Warum ist unser König in Wien?

FRAU SCHARF Kaiser ist er von Österreich.

MORITZ Wär besser, wenn er möcht nahe wohnen und auf seine Leut aufpassen. Mutter, werd ich Soldat?

FRAU SCHARF Gott behüt uns vor Bösem!

MORITZ Ich möcht gern Soldat werden, Mutter. Da hätt ich einen bunten Rock wie Josef und einen Säbel wie Joschua.

FRAU SCHARF Sei still, dummer Junge, weißt nicht, was du redst! Geh zum Vater und hilf ihm. Her die Bibel, gib das Buch und geh! *Moritz widerwillig ab.* Gott behüte! *Sie geht ins Haus.*

Gleich darauf biegen die beiden Hausierer von vorhin um die Ecke; der ältere tritt an die Haustür und ruft hinein.

DER ERSTE JUDE Reb Josef? Reb Josef! Ich hätt den Moritz fragen sollen.

DER ZWEITE Ruft nicht mehr, er wird in Schul sein; wohin sonst gehört der Schammes vor Freitag abend?

DER ERSTE Ich kann's ihm auch später sagen...

DER ZWEITE Ob's nicht doch ein Mensch war, vorhin der Schrei?

DER ERSTE Ihr macht Euch Sorgen! Ein Vogel, Reb David, ein Vogel. Und wenn's ein Mensch gewesen wär...

DER ZWEITE Es war leise und doch schrecklich!

DER ERSTE Wenn's ein Mensch gewesen wär – Euer Kummer! Mein Kummer!

Der Zweite zuckt die Achseln; sie gehen weiter. Kurze Zeit darauf hört man ein Geschrei von Jungen näher kommen; Moritz flieht herein, Steine schlagen neben ihm zu Boden; er liest einen auf, zielt, wirft; ein Schmerzensschrei antwortet; er begrüßt ihn mit jubelndem »Jiii...«, springt ins Haus und schlägt die Tür hinter sich zu, an die Steine prasseln. Eine Schar Dorfjungen zeigt sich, bleibt aber dem Hause fern. Hephep-Rufe und Gelächter.

Vierte Szene

Steintrümmer und Öde in fahlem Licht. Semael sitzend, zwei junge Teufel, der Kopf des ersten katzenhaft, der des zweiten hündisch, im Sinne altägyptischer Bildwerke.

SEMAEL Aus meinem Munde ging die Wahrheit zu ihm ins Licht und ist doch Lüge. Immer bin ich wahr vor ihm und lüge stets.

DER EINE TEUFEL *zum andern* Er sieht uns nicht.

DER ANDERE Ich rede zu ihm.

SEMAEL Die Lüge des Blutes: da sehe ich den Leib alles Lebendigen aufgeschnitten unten, tief. In roten Flüssen rinnt's durch die Adern, umkreist das Leben; rot und wolkig dampft's empor, witternde Dünste heben sich in obere Sphären. Die Seele riecht's voll Grauen – es fällt sie an, tränkt sie mit Gift und Trunkenheit, löscht die Verbote, alle Gier leckt sich das Maul. Es schrie zum Himmel um Habel; den Mund der Erde schaudert's und war ihm widerlich zu trinken.

DER ERSTE TEUFEL *schüchtern* Herr!

SEMAEL Schwach ist der Mensch vor den Düften des Bluts; Haß, der im Untersten kauert, und der Trieb der Wut schreien laut auf. *Stark* Ich will die Lüge des Blutes bringen über dein Volk! Du hast mich eingesetzt: ich will die Schale voll Blut halten über ihren Häuptern wie Morgenröte, wie Abendröte, wie Scharen böser Engel, wie deinen eigenen Grimm! Es gelingt!

DER ZWEITE TEUFEL *plump* Herr!

SEMAEL Sie sind die Starken nicht mehr. Jahrhunderte geduckt in Angst, über den Häuptern die Faust, in den Herzen Besitz und Geld, euch loszukaufen: nein, ihr seid die Harten nicht mehr.

DER ERSTE TEUFEL Herr, schicke mich.

DER ZWEITE Schick mich!

SEMAEL *tritt nach dem Näheren, sie fliehen etliche Schritte* Ihn täuscht euer Beten, daß ihr die Bräuche wohl haltet. Durch den Weihrauch der Worte sieht er nicht mehr euer Herz. Ich seh's. Ich will sein Gebot wie eine Lanze wider ihn werfen. Ich treffe dein Herz, stehle dein Volk, ende sein Leid, mache es schmelzen unter die Völker, es ist nicht mehr da. Nie kehrt die Glorie zurück zu dir! Es gelingt! Qual der Zeit soll sie hetzen, Brüderlichkeit, holdes Wohnen in kommender Frist soll locken – – wen brauche ich?

DER ERSTE TEUFEL Mich, Herr, mich!

DER ANDERE Scheiß! Mich! Kannst du Brünste machen, he? Kannst du Fressen und Saufen in sie bringen und Gier nach Karten und die Lust am Lügen und Prahlen und Herrspielen, kannst du?

DER ERSTE Höre das grobe Schwein, o Herr!, und wie er mit plumpen Klauen in dein feines Gespinst tappt! Ich, o Herr, fange sie schmeichelnd, ich zaubere süße Bildchen in ihr Hirn, ehrgeizig und neidisch schaff ich sie, und ein giftiges, heuchlerisches Vergeben bring ich in ihnen auf, indes die Seele schwärt und Eiter wird und Haß und Galle und kein Halten mehr ist, nur Jagen: so gut wie dem anderen muß es mir auch gehen.

SEMAEL Herauf die Dummheit!

Sogleich tritt die Dummheit zwischen den Trümmern hervor, ein träges und gequollenes Weib; ihr fades Gesicht, mit hängendem Mund und blassen, leeren Augen, liegt gedunsen unter dem farblos gelblichen Haar über dem grauen Kleide. Sie spricht langsam und laut.

DUMMHEIT Was soll ich tun, Herr? Sage es genau.

SEMAEL Nichts tun, Schäfchen, nur weilen, wohin ich dich führe. Tun werden alles die Menschen; du sollst nur über ihnen sein.

DUMMHEIT Das ist leicht.

SEMAEL Der Dunst, der ausgeht von dir, legt sich auf ihre Herzen und ihre Hirne. Dein Atem tötet ihre Güte und frißt alle Einsicht wie Rost auf Eisen. Sie sollen losgelassen sein wie Ameisen auf ein Aas! Geh!

DUMMHEIT Wohin?

SEMAEL Ich zeige den Weg. Ihr beide helft ihr und dient. Du – *zum zweiten Teufel* – hetzest die Verfolger; du – *zum ersten* – lockst die Gejagten. Schnell, hinweg, hinab! *Emporblickend* Wie traurig rollt und langsam über die Erde der mißratene Mond!

Fünfte Szene

Offener Platz in Tisza Eszlar, auf den zwei Straßen münden und den links die Fassade einer kleinen Kirche abschließt. Sonnabend vormittag. Eine alte Zigeunerin hockt auf der Erde, Karten legend, zwei Bäuerinnen mit einem kränklichen Kind stehen vor ihr; hinter ihr bessert ein älterer Zigeuner eine Rattenfalle, ein jüngerer sieht halb gelangweilt zu, seine Pfeife rauchend.

DER ÄLTERE ZIGEUNER Da, schau her; dreh um, bieg zu.

DER JÜNGERE Kann's ja.

DER ÄLTERE ZIGEUNER Fängstu Ratte, auch Igel. Fertig. *Gibt sie ihm zum Halten, stopft sich die Pfeife.*

DIE ZIGEUNERIN *Karten auslegend* Da ist rot, da ist rot, da ist grün Junge; gut, gut. Da ist die Schellenfrau, das ist Sonne. Sehr gut. Da ist schwarz, meint Grab …

DIE JÜNGERE BÄUERIN *die Mutter* Jesus Maria in der Not!

ZIGEUNERIN … kann nichts tun, Sonne dazwischen. Grün Junge ist Sommer. Mußt Bub in Sonne legen, jeden Tag, nasses Tüchel auf 'm Kopf. Bis Sommer springt Bub wieder in Busch.

DIE BÄUERIN Gelobt sei Jesus Christus! *Küßt das Kind.* Da, das. Hab nicht mehr. *Gibt ihr Geld.* Komm um Mittag, kriegst eine Supp. Komm morgen auch.

Unterdes sind zwei Bauern von verschiedenen Seiten hinzugetreten. Die andere Bäuerin wendet sich dem einen zu, der bedrückt aussieht.

DIE ZWEITE BÄUERIN Was sagt der Jud?

DER EINE BAUER *zum anderen* Warst du beim Scharf?

DER ANDERE BAUER Beim Scharf. Heut ist Schabbes, sagt der Scharf; redt er nicht vom Geschäft. Soll abends kommen; besser morgen.

DER EINE BAUER Zins? *Der andere nickt.* Der Scharf ist nicht der schärfste. *Alle, die zugehört haben, lachen.* Der Jacob Schenkwirt ist viel schärfer.

ZIGEUNER Kommt von viele Branntwein.

DER ANDERE BAUER Sauft ja nix, der Jud.

DIE ANDERE BÄUERIN Und wenn er geduldet bis nach der Ernte, wem ist geholfen?

DER ERSTE BAUER Ihm ist geholfen.

Lachen

DER ANDERE BAUER Christ helf uns vom Juden.

DIE BAUERN UND DIE BÄUERINNEN Amen, Amen!

Mit ein paar halbwüchsigen Mädchen kommt Frau Solymosi aufgeregt zu der Gruppe.

FRAU SOLYMOSI Habt ihr sie nicht gesehn, Nachbarn?

BAUER Wen gesehn?

FRAU SOLYMOSI Meine Esterka ist diese Nacht nicht heimkommen.

Der junge Zigeuner lacht; die Mädel kichern und stoßen einander.

FRAU SOLYMOSI Lach nicht, Igelfresser, verlauster! Kein Kerl kriegt das Mädel ohne Ring ins Bett... Die Zähne in die Fresse geschlagen, wenn du lachst! Ich hab so Angst...

BÄUERIN Ein wackres Mädel, deine Esther, Nachbarin.

BAUER Gut bei der Arbeit, und singt auch.

ZIGEUNER Lach ja nicht.

FRAU SOLYMOSI Siebzehn Jahr und ein halbes ist sie keine Nacht fortgeblieben! Ich such schon überall. Schon gestern abend. Unglück ist ihr geschehn. Weh, ach weh mir! Esterka! *Sie weint.*

DIE ERSTE BÄUERIN Frag die Alte hier, Nachbarin, die Karten wissen's.

FRAU SOLYMOSI Ich war schon beim Schandarm, sie suchen schon mit Pferden. Ich hab so Angst... Die Zigeuner, ihr verfluchten Diebe!

DER ALTE ZIGEUNER Nicht Zigeuner! Zigeuner stiehlt höchstens Huhnchen, kleines Huhnchen; macht Fuchs auch. Was soll Zigeuner großes Mädel wegstehlen? Kommt ja doch auf Gericht zuerst. Immer Zigeuner! Frag Karte!

FRAU SOLYMOSI Wissen die Karten?

DIE ZIGEUNERIN Karten wissen, und Träume wissen. Hast geträumt Nacht? Erzähl Traum.

FRAU SOLYMOSI Wenn's nur gut zu was ist! Von einem Mörser hab ich geträumt und Kukuruz.

ZIGEUNERIN Mörser ist nix, Kukuruz ist auch nix. Was noch?

FRAU SOLYMOSI Dacht ich's nicht! Da steh ich und red hier... Von einem Fisch hab ich geträumt, einem aufgeschnittenen, mit viel Rogen drin...

ZIGEUNERIN Fisch? Hum.

FRAU SOLYMOSI Und kommt ein Rabe und nimmt ihn fort nach Osten.

ZIGEUNERIN Rabe ist Jude, hungriger schwarzer Rabe mit krumme Schnabel. Fisch ist Tochter. Habet Jude deine Tochter geschlachtet in Osten.

Frau Solymosi fällt ohnmächtig um; man bemüht sich um sie unter Rufen wie: »Aufrichten! Holt Wasser! Bringt was zum Riechen, bringt Essig!«

EINE FRAU *schreit laut* Die Juden?

Frau Solymosi erwacht.

ZIGEUNER Sein schlimmer wie Wölfe, die verfluchten Juden. Brauchen Christenblut für Ostern, für Mazzesbacken. Ist ja bald Ostern.

FRAU SOLYMOSI *sitzend, schwach* Ist das wahr?

Zwei Gendarmen nähern sich.

ZIGEUNER Freilich ist wahr. Wie oft fehlt kleines Kind! Bauer immer: Wolf hat gefressen, Zigeuner hat gestohlen, gleich so giftig. Jud haben geschlachtet in Judenschul, wohin keine gute Christ nicht geht!

GENDARM SCHLOSSER Was gibt's da. Wir haben das Mädel im Wald nicht gefunden.

EINE FRAU Kein Wunder!

EINE ANDERE Die Juden haben das Mädel geschlachtet!

EIN MÄDEL Ich lauf zum gnädigen Herrn aufs Gut und sag's, da krieg ich vielleicht was! *Läuft fort.*

EIN ANDERES Wart, wart, ich kommt mit! *Läuft nach.*

SCHLOSSER Wer sagt das?

GENDARM KOVACZ Das kann leicht sein.

FRAU SOLYMOSI Ich sag das. Ich steh da und schrei's zum Himmel. *Gellend* Die Juden haben mein Kind geschlachtet. Ich schrei's in jeden Wind: die Juden haben sie geschlachtet. Die Juden... die Juden... *Sie fällt abermals um.*

DER ZWEITE BAUER *plötzlich* Ich hab's gesehn. Gestern abend hab ich gesehn: paar Juden haben ein Mädel in die Judenschul geschleppt. Der Scharf hat aufgeschlossen. Meine Frau war dabei.

Einige Judenknaben, aus der Synagoge kommend, bleiben entfernt stehen.

DIE ZWEITE BÄUERIN Ich hab's auch gesehn, wie der Scharf dabei war. Wir wollten zu ihm, Zins bringen. Ich glaub, das Mädel war's.

EINIGE STIMMEN Welche haben's gesehn!

Jüdische Männer kommen aus der Synagoge.

SCHLOSSER Warum sagt ihr das nicht gleich? Ich trau euch nicht.

DER ERSTE BAUER Wir haben's uns nicht traut. Ich hab auch was gehört. Ich bin an der Judenschul vorbeigangen, da war Licht drin, und etwas hat geschrien. Da bin ich stehnblieben, da kommt der Jacob Schenkwirt 'naus nachsehn. Da ist er wieder 'neingangen, denn ich hab hinterm Baum steckt, in der Nacht. Da hat's nicht mehr geschrien, und ich – weg.

EINE FRAU *die Juden bemerkend* Da seht die blutigen Mörder!

Als erste kommen der Schenkwirt Jacob Samuel, Synagogendiener Scharf und der Hausierer Jizchok Leim auf die Gruppe zu; sie führen ein Gespräch fort. Jacob ist alt und weißbärtig, Scharf ist der jüngste von den dreien; diese beiden tragen Baretts mit Fuchspelz besetzt und seidene Kaftans, Jizchok Leim einen Kaftan aus Tuch und ein Sammetkäppchen. Der Gendarm Schlosser geht ihnen entgegen, nachdem er der Menge zugerufen hat

SCHLOSSER Daß ihr euch nicht rührt!

SCHARF *jung, rotblonder Spitzbart* Nein, Reb Jacob, mein Sohn soll nicht Rabbi werden, er soll nach Wien gehn oder nach Berlin...

SAMUEL *unterbricht ihn* Erlaubt, Reb Josef – Wachtmeister, was gibt's?

SCHLOSSER Ich glaub's ja nicht, Schenkwirt, aber die Leute da schreien, ihr Juden hättet die Solymosi Esther geschlachtet, für Mazzes.

SCHARF *entsetzt* Herr der Welt!

SAMUEL *gefaßt* Ich weiß, Ihr seid ein ruhiger Mann, Wachtmeister...

DIE MENGE *schreit* Mörder! Mädchenmörder!

Ein Stein trifft Scharf an die Brust, ein anderer Samuel, ein dritter den Gendarm, der sogleich den Revolver zieht. Da hört man Pferdegalopp; in Begleitung zweier Gendarmen und etlicher Knechte kommt der Gutsherr von Onody gestiefelt und gespornt mit dem Reitstock in der Hand auf die

Szene gelaufen; noch ehe er sichtbar ist, ruft er: »Drauf, drauf!«

ONODY Drauf! Auf meine Verantwortung! Alle Juden verhaften! Sie haben die Esther geschlachtet! Packt die Mörder!

Mit jauchzendem Geschrei stürzt sich das Volk auf die Juden.

Zweiter Akt

Erste Szene

Eßzimmer bei Onody, Gut Tisza Eszlar; Stil der achtziger Jahre. Onody und der Untersuchungsrichter Josef Bary, ein junger blonder Referendar ohne jeden Ausdruck des Gesichts, frühstücken.

VON ONODY Nein, ich esse keine Krebse – keine mehr, will ich sagen; ich habe schon zuviel in diesem Jahr, ich verderbe mir den Geschmack daran.

BARY Sie sind Feinschmecker, Herr Baron. – Ich habe die Untersuchung recht gern übernommen.

ONODY Gott, wenn einem die Theiß jedes Jahr beinahe in den Keller läuft ... Sie haben jetzt wieviel Juden?

BARY Alle, die freitags im Dorf waren, vorläufig jedoch nur die Männer. Es ist unwahrscheinlich, daß sie die Weiber bei der scheußlichen Tat haben zuschaun lassen, die Gefahr des Ausplauderns ist zu groß. *Auf den Wein deutend* Eigenes Gewächs?

ONODY Leider nein. Wieviel also?

BARY Zweiundsiebzig, Herr Baron; fast Ihre ganze Judenschaft.

ONODY Judensippschaft, wollten Sie sagen. Na ja, das ist wenigstens was. Die Untersuchung wird hoffentlich lange dauern.

BARY Wie meinen Herr Baron das? Hoffentlich?

ONODY Na gewiß doch. Es ist ja möglich, daß nicht alle dabei mitgemacht haben, nicht wahr? Die müssen Sie, wenn das klar ist, wohl wieder laufen lassen, leider. Und Sie glauben nicht, wie froh meine Bauern sind, daß die Feinde Christi hinter Schloß und Riegel sitzen. Möglichst lange, Herr Doktor, möglichst lange! Na, Pröstchen drauf.

BARY Ich hoffe aber, daß ich sie werde alle überführen können.

ONODY Haben Sie denn Zeugen? Denn gestanden hat doch keiner.

BARY Gestanden? Wohin denken Herr Baron? Die Hunde sind hart wie Eichenwurzel und schwören das Blaue vom Himmel herab. Nach ihnen werden sie alle Engel, sobald sie krepiert sind. Kennt man ja.

ONODY Und die Zeugen? Soviel ich weiß, haben sich viele gemeldet.

BARY Da fehlt's nicht. Aber Sie verstehen mich, Herr Baron: das sind Bauern, Zigeuner, Weiber; das zieht nicht recht. Der Gendarm Schlosser hat sogar versucht, entlastende Aussagen zu machen.

ONODY Deutscher Lümmel! Die Juden haben ihn gekauft. Rauchen Sie?

BARY Vielleicht läßt sich das nachweisen. Ich hoffe es. Danke sehr, danke. *Er entzündet seine Zigarre.* Der Prozeß wird ungemeines Aufsehen machen. Schon jetzt ist mein Name in allen Zeitungen Europas. Da muß man gute Arbeit zeigen, Kopf, nicht wahr, Entschlossenheit.

ONODY *rauchend* Ich habe großes Interesse an Ihrem Prozeß.

BARY Natürlich; da das Ihr Dorf ist, Herr Baron...

ONODY Und wie gedenken Sie vorzugehen? Haben Sie schon einen Plan, eine Methode, wie ihr das nennt?

BARY Ich habe die feste Überzeugung, daß die Juden einen ihrer bekannten Ritualmorde begangen haben. Es handelt sich also nur um den Beweis. Das beste wäre ein Geständnis. Aber von den Männern ist sicher keins zu erlangen, viel zu gerissen dazu. Und dann geht es ihnen ja an den Hals. Sie werden sich also hüten.

ONODY Gewiß, gewiß doch. Aber zum Donn – also pardon, ich möchte nun endlich hören, wie Sie sich die Sache denken.

BARY Sie selbst könnten nichts aussagen? *Onody läßt die Zigarre fallen.* Oh, oh, lassen Sie nur, Herr Baron, da, bitte sehr! *Bary hebt sie ihm auf; Onody trinkt ein Glas Wein leer.* Ich brauche einen ganz einwandfreien Zeugen, einen vertrauenswerten, gebildeten Mann.

ONODY Ich? Ich weiß ja nichts. Mir ist die Sache ja erst Sonnabend gemeldet worden, zwischen zehn und elf; da reite ich ins Dorf und verhafte die Bande, wie sie aus ihrem Ehrentempel kommt. Das ist alles.

BARY Schade. Das beste wäre ein jüdischer Zeuge, vielleicht ein Weib, das durchs Schlüsselloch gesehen hat, oder ein Junge.

ONODY Ausgezeichnete Idee! Darauf bin ich noch nicht gekommen. Sie sind mir über, Doktor. Schlüsselloch – vorzügliche Idee.

BARY Wenn ich mir erlauben darf: Ihr Wohl, Herr Baron.

ONODY Prost, Herr Doktor, Prost! *Sie trinken.* Sie verstehen sich darauf.

BARY Ich gehe gleich ins Dorf hinunter, vielleicht kann ich etwas ermitteln. Ich habe mir Gendarmen bestellt, erstens als Führer und zweitens, falls Verhaftungen nötig sind.

ONODY ... Von der ... Leiche hat man noch keine Spur?

BARY Soviel ich weiß, pflegen die Opfer solcher Ritualverbrechen in kleine, leicht transportable Teile zerlegt zu werden, die von den einzelnen Teilnehmern bequem verbrannt werden können. Passen Sie auf, man findet nichts.

ONODY Schade. Und wer scheint Ihnen der Leithammel zu sein, ich meine der Hauptverbrecher, der Obermörder?

BARY Da die Tat in der Synagoge begangen worden ist, liegt für den Synagogendiener der sicherste Verdacht vor. Der Mann heißt Scharf; er muß die Tür aufgeschlossen haben. Natürlich leugnet er. Aber ich weiß, wir kriegen ihn; gerade gegen ihn sagen zwei Zeugen aus.

ONODY Sie sind verflucht geeignet für Ihren Posten, Herr Doktor. Pröstchen!

Sie stoßen an.

BARY Man gibt sich einfach Mühe in seinem Amt.

Zweite Szene

Vor dem Scharfschen Hause, wie 1. Akt, 3. Szene. Bary mit zwei Gendarmen; von der Kirchuhr her schlägt es zwei.

BARY Das ist das Haus?

GENDARM KOVACZ Da wohnt der Scharf, Euer Edlen.

BARY Hat er Kinder? Aber natürlich hat er. Die Juden haben's ja alle eilig damit.

GENDARM Zwei Buben hat er.
BARY Wie alt?
GENDARM Der eine ist halt klein, der andere ist dreizehn durch.
BARY Über dreizehn! Vorzüglich, ganz vorzüglich. Da kann man ihm ja Vernunft zutrauen. Wo mag er stecken?
GENDARM Wird halt im Haus sein.

Der kleine vierjährige Sohn kommt hinter dem Hause vor; er erschrickt vor den Männern und will ins Haus; Bary hält ihn auf.

BARY Holla, holla, mein Sohn! Nicht so rasch! *Verhörend* Wie heißt du? Kennst du die Esther Solymosi?

Der Kleine fängt an, laut zu schreien; aus dem Haus tritt Moritz Scharf.

MORITZ Was ist? Was wollen Sie? Was halten Sie das Kind?
BARY *den Kleinen loslassend* Oho, da ist ja der rechte Vogel. Komm mal hierher. Kennst du mich?
MORITZ Ich kenn Sie nicht. Was wollen Sie denn? Wer sind denn Sie?
BARY Nur nicht so frech, Judenjunge. Ich bin der Untersuchungsrichter.
MORITZ Sie sind...
BARY Ja. Jetzt bekommt man's mit der Angst, nicht wahr? Kovacz, an die Haustür. Antworten. Du heißt?
MORITZ Scharf Moritz.
BARY Wie alt?
MORITZ Dreizehn Jahre drüber.
BARY Sohn von Schammes Scharf?
MORITZ Ja.
BARY Wo warst du Freitag nachmittag, am 1. April?
MORITZ Wo werd ich gewesen sein? Daheim.
BARY Das heißt also hier?
MORITZ Ja.
BARY Kovacz, die Eisen. Verhaften Sie den Bengel und bringen Sie ihn mir nach Nyiregyhaza.

Der eine Gendarm packt, der andere fesselt ihn; Bary ab.

MORITZ *starr* Mich... mich... die Eisen? ...Mutter! Mutter!

Dritte Szene

Vor dem Gerichtsgebäude der Kreisstadt Nyiregyhaza. Eine kurze Freitreppe führt zum Haupteingang hinauf; zur Rechten am Portal steht in einer Nische eine gipserne Justitia mit Augenbinde, Waage und Schwert. Das klare, unwirkliche Licht vor Sonnenaufgang; der Himmel ist grün mit noch einigen besonders hellen Sternen. Die Dummheit und die beiden Teufel am Fuße der Treppe.

DIE DUMMHEIT *klagend* Wo soll ich mich hintun? In dem Dorf saß ich auf dem Kirchturm, alle gingen unter mir. Ich weiß nicht.

DER ZWEITE TEUFEL Es muß wieder über allen sein. Ich kenne keinen Ort hier. Such allein. Ich will ins Haus; ein Kämmerchen ist dort, wo alle hin müssen.

DUMMHEIT Warte noch, hilf mir erst.

DER ZWEITE TEUFEL Dort stinkt's auch schön. Dort mach ich mich an meinen Teil. *Schlüpft ins Haus.*

DUMMHEIT Er ist nicht mehr da. Was soll ich tun?

DER ERSTE TEUFEL Laß ihn, er weiß nichts. Hier müssen alle vorbei; wenn du an der Treppe stehst, keiner entwischt dir da. *Die Treppe hinauf, die gipserne Justitia beklopfend* Ha, hohl! Da hinein mit dir!

DUMMHEIT Ja, ist das gut?

DER TEUFEL Geh hinein, es ist gut; unten findest du ein Loch. Ich kann nicht zu meinen Männern, die Zellen starren ganz voll Gebet; kein Raum für mich. Aber da bangt ein Junger ganz allein; den beschwatz ich.

DUMMHEIT Ich will da hinein. *Sie ersteigt die Treppe und verschwindet in der Gipsfigur; von innen* Das ist gut.

DER TEUFEL Brauchst du mich, so rufe mich. Ich bin nahe. *Er schlüpft ins Haus.*

Vierte Szene

Zimmer im Gerichtsgebäude, amtlich und schmutzig. Bary an einem Tische, neben ihm der Schreiber; vor dem Tisch Moritz Scharf, ohne Fesseln; an der Tür ein Pandur mit der Knute im Gurt.

BARY *zum Schreiber* Sie haben die Personalia?

SCHREIBER Ja.

BARY Nun erzähle mal, was du von dem Mord an der Esther weißt.

MORITZ Ich weiß nichts.

BARY Ich rate dir, nicht zu lügen und nicht verstockt zu sein. Also?

MORITZ Nichts weiß ich.

BARY *wütend* Judenjunge! *Er faßt sich gewaltsam.* Also, was haben die Juden am Freitagabend in der Synagoge gemacht?

MORITZ Was sollen sie gemacht haben? Gedawnet haben sie.

BARY Was ist das für ein Mauschelwort, »gedawnet«? Was heißt das auf ungarisch, gedawnet?

MORITZ *heiter* Er weiß nicht, was dawnen ist!

BARY Warte nur, Lümmel, das Lachen vergeht dir noch.

SCHREIBER Erlauben Euer Edlen, dawnen heißt beten.

BARY Sie verstehen das Gemauschel?

SCHREIBER Man muß schon mit der Zeit bei uns.

BARY Gut, weiter. Was ist nachher geschehen?

MORITZ Nachher hat man Kiddusch gemacht...

BARY Halt! Was ist Kiddusch?

SCHREIBER Ein Segensspruch wird über einen Becher Wein gesagt, und einige trinken davon.

BARY *zu Moritz* Was für Wein? Wie sah er aus?

MORITZ Zum Kiddusch gehört roter Wein, weil...

BARY Aha! Aha! Schreiben Sie: »In dem Becher befand sich eine rote Flüssigkeit.«

MORITZ Wozu Flüssigkeit? Es ist einfach Wein.

BARY Schon gut. Was geschah dann?

MORITZ Dann wird Oleinu gesagt, und für die Verstorbenen macht man Kaddisch.

SCHREIBER Das sind, glaub ich, zwei Gebete; die sagen sie jeden Freitagabend.

MORITZ *nickt ihm freundlich zu* Gar kein Am horez für einen Goi.

BARY Was will der Bengel?

SCHREIBER Er hat mir ein Kompliment gemacht für meine Kenntnisse.

BARY Dafür ist hier keine Zeit! Weiter, was dann?

MORITZ Was dann? Dann sind wir alle hinausgegangen, mein Vater hat zugeschlossen, wir sind essen gegangen, der Vater hat Mauze gemacht, die Mutter hat auftragen lassen...

SCHREIBER Das ist wie Kiddusch, nur über Brot, eine Art von Striezel mit Mohn.

MORITZ Ohne Mohn, mit Safran und Rosinen; und dann hat er mir Pirke Owaus abgehört. Wissen Sie auch Pirke Owaus?

SCHREIBER Nein.

MORITZ Doch ein Am horez.

SCHREIBER *zu Bary* Am horez heißt ungelehrter Mensch.

BARY Nur zu, nur zu! Die Frechheit streiche ich ihm noch an.

MORITZ Pirke heißt Sprüche, Owaus sind die Väter, meint also Sprüche der Väter. Ist ein Buch, und drin stehn weise Lehren zu lesen, die tote Rabbonim gelehrt haben. Nicht hier, in Erez Israel; ein altes Buch. Und dann sind wir schlafen gegangen.

BARY Das ist alles? Und das soll ich glauben?

MORITZ Warum nicht? Es ist doch wahr.

BARY *schreiend vor endlich ausbrechender Wut* Lügen sind das! Infame, freche Lügen sind das! Du bist ein abgefeimter Lügner! Aber warte, dich werd ich... Heda, Pandur! Nimm den Lümmel in den Hof, hier vor den Fenstern gibst du ihm fünfundzwanzig auf den Arsch! aber fest! Dann bringst du ihn wieder herauf. – Vorwärts!

Während der Pandur ihn hinausschleift, schreit Moritz angstvoll.

MORITZ Was hab ich denn getan, was hab ich denn...

Die Tür fällt zu. Nach einigen Sekunden schallt vom Hofe her der Ton von Hieben; nach dem vierten hört man ein Jammern, das alsbald in verzweifeltes Schreien übergeht.

BARY *zufrieden nickend* Aha! Aha!

Vorhang. Wenn er wieder aufgeht, steht Moritz ganz verstört, wimmernd und schluchzend, kaum mehr aufrecht auf dem früheren Platz.

BARY Du siehst jetzt, daß ich nicht spaße. Gestehe nun, du hast gelogen.

MORITZ Lieber guter gnädiger Herr, ich will Ihnen den Rock küssen, ich will auch nicht mehr lachen, ich will auch für Sie beten...

BARY Das kannst du dir schenken. Ich will die Wahrheit, die Wahrheit will ich wissen! Donnerwetterschlag! Was habt ihr mit der Esther gemacht?

MORITZ Ich hab doch die Wahrheit gesagt, ich weiß doch nichts von Esther, so wahr Gott im Himmel lebt, ich weiß nichts von der Esther. Glauben Sie mir doch, lieber gnädiger Herr, wir wissen alle nichts, wenn ich's wüßte, wie gern wollt ich's sagen...

BARY Soso. Prügel fruchten also nichts. Wir wollen es nun einmal mit dem Hunger versuchen. *Zum Panduren* Der Lümmel bekommt drei Tage lang weder Essen noch Trinken. Erfahrungsgemäß pflegen die Delinquenten dann zu schlafen. Sobald er einschläft, weckt ihr ihn mit Hieben, mit guten scharfen Knutenhieben. Wir werden doch sehn, wer stärker ist, die Gerechtigkeit oder die verstockte Lüge.

Moritz bricht in lautes Weinen aus, während der Pandur ihn hinausbringt.

BARY Zeigen Sie das Protokoll her. *Unterschreibend* Das hat ja alles keinen Wert, aber man muß es notieren; das Wahre kommt noch, oder ich will ein Esel heißen.

Fünfte Szene

Ebenda, zwei Tage später. Bary, von Onody, der Wachtmeister Schlosser.

BARY Die weibliche Leiche, die die Flößer gefunden zu haben behaupten, ist also ausgegraben worden. Hat sie Schnittwunden, große Schnitte, meine ich?

SCHLOSSER Nein, Herr Referendar. Der Körper ist bloß oberflächlich verletzt.

BARY Ich bin augenblicklich Untersuchungsrichter, merken Sie sich das.

SCHLOSSER Ja, Herr Untersuchungsrichter.

BARY Na, und?

SCHLOSSER Die Mutter Solymosi erkennt auf das bestimmteste ihre Tochter, desgleichen die Nachbarn, desgleichen ich.

VON ONODY So, Sie auch. – Woran denn?

BARY Ja, woran denn? Am Gesicht?

SCHLOSSER Das Gesicht ist zum Teil von Steinen zerquetscht, zum Teil weggefressen. Die Theiß hat alle Fische, die Sie wollen, und Krebse ebensoviel.

BARY Woran erkanntet ihr das Mädchen also?

SCHLOSSER An den Kleidern, den Haaren und an einer Korallenkette, ferner an einem Ring mit einem Vergißmeinnicht aus drei blauen Steinen.

BARY Das sind alle Charakteristika?

SCHLOSSER Sind das nicht genug?

BARY Ob das genug ist oder nicht, entscheide ich. – Soll ich die Flößer wegen Beihilfe zum Morde verhaften lassen, was meinen Sie, Baron?

ONODY Es ist so heiß hier, daß man kaum reden kann. Meine Zunge liegt mir wie ein Lappen im Schlund. Machen Sie schnell, Bary. Lassen Sie verhaften, wen Sie wollen, bloß mich nicht.

BARY *lachend* Sie sind sicher vor der Justiz, Baron; Sie haben den Schild des guten Gewissens.

SCHLOSSER Erlaube mir zu bemerken, daß die Flößer ihr Alibi sehr leicht nachweisen können; sie kommen seit zwei Monaten zum erstenmal hier durch.

BARY So, danke. Wollen also vorläufig davon Abstand nehmen. Die Sache war mir von Anfang an klar. Die Leiche ist nicht Esther Solymosi, denn sie hat keine Schnittwunden; dafür hat sie deren Kleider und den Schmuck. Die Juden haben also, um das erste Verbrechen, das Religionsverbrechen, zu verdecken, ein zweites begangen. Sie haben ein anderes Mädchen desselben Alters ermordet, haben ihr mit Steinen das Gesicht zerschlagen, bestialische Roheit nebenbei, haben der Leiche Kleider und Schmuck der Esther angelegt und sie in die Theiß geworfen. Diese Leiche haben die Flößer gefunden, diese Leiche hat die Mutter rekognosziert, und den Juden wäre beinahe ihre scheußliche List gelungen, wenn...

VON ONODY ... wenn wir Sie nicht hätten, Bary! Ja, mit Ihnen haben sie nicht gerechnet.

Die beiden schütteln sich die Hände, Bary verbeugt sich geehrt; dann zu Schlosser, dessen bedenkliche Miene sich sofort in ein Amtsgesicht verwandelt

BARY Ermitteln Sie, wer die Leiche ist, das heißt, wo ein Mädchen vermißt wird.

Sechste Szene

Raum des göttlichen Lichtes. Niedergeworfen und hingestreckt die göttliche Gestalt eines großen Mannes in hellem Gewand: Jizchak, der Patriarch.

DIE STIMME ELOHIMS *liebreich* Gegrüßt sei und aufgehoben der getreue Knecht, Jizchak, Abrahams Sohn, der Vater meines Volkes; und seine Rede sei gehört.

JIZCHAK O Vater, o Herr, dessen Licht ausgebreitet ist durch alle Himmel, du weißt, was mich her zwang in den Vorhof deiner Herrlichkeit. Darum laß mich noch stumm vor dir liegen und sei gnädig, Unaussprechlicher, denn mir bangt vor Scheu.

DIE STIMME Angenehm ist mir deine Stimme, mein Sohn Jizchak, und freier denn ein Seraph geht dein Wort mir zu. So erhebe dich und rede.

JIZCHAK *sich erhebend* Ich war der Herr von Herden. Über die Rücken schwerwolliger Schafe glitt mein Blick, er hing im Wald von Gehörn vieler Rinder und hob sich entlang den wiegenden Hälsen der Dromedare und über ihre Hökker empor zu den Wolken, dir zu danken.

DIE STIMME Ich hatte dich gesegnet und wachte über deiner Habe, sie zu mehren.

JIZCHAK Klein war mein Volk und gehörte ganz dir. Am Abend, wenn die Ebenen Kanaans hindunkelten zu den Flüssen und bis zur Wüste, hob sich der Rauch weniger Feuer empor zu den Sternen, aber jedes brannte dir zum Opfer.

DIE STIMME Ich führte es herab ins ägyptische Land, und seine Zahl ward tausend mal Tausende.

JIZCHAK Ein Hirt bin ich geblieben. Ich schaue hinab auf mein Volk und sehe es auf der Erde hier und dort, wie eine Herde geteilt, die weidet zwischen den Rücken langer Hügel, in den Tälern. Seine Zahl ist groß, aber ich sehe die Herzen; sie sind gefleckt und matt, und ich ängstige mich.

DIE STIMME Die Kraft des Menschen ist gelegt in seine Hände und seine Wahl.

JIZCHAK Erhabener, es stieg die Kunde auf zu mir, daß Semael dein Volk bedrängt. Die Seligen neigen ihre Häupter trauernd, die Lüge des Blutes hängt wolkig über einem Land, und ich: siehe, ich stehe hier, ich ertrug nicht mehr meine Sorge. Denn das ganze Volk ist auf die Schulter eines Knaben gelegt, und ich fürchte, sein Rücken könnte brechen und das Volk hinrollen in den Abgrund und in Semaels Reich.

DIE STIMME Breiter ist die Schulter des Knaben als die Kante zwischen Böse und Gut.

JIZCHAK Ich aber stehe hier, für den Knaben zu flehen. Denn er ist hingestreckt, gebunden wie ein Opfer, und in ihm ganz Israel. Siehe aber, ich entsinne mich, daß auch ich, ein Knabe, ausgestreckt lag auf den Hölzern des Brandaltars, und das Messer meines Vaters zuckte nach meiner Kehle. Und eine grauenvolle Angst erscholl in mir, und ich ward schwach, und es schrie in mir gräßlich gegen meines Vaters Hand.

DIE STIMME Aber schon fiel der Cherub wie ein Stein herab

auf des Berges Haupt, und in den Dornen Moriahs verstrickt harrte der Widder, Ersatz für dich.

JIZCHAK Ich weiß die Kräfte von Knaben, Herr, und wie gering sie sind! Ich weiß, wie schnell ihr Herz sich erschöpft, wenn der Schweiß der Angst sie befällt und lähmt; wie jung ihre Seele, noch spielend in Träumen wie Kinder in Blumen, noch ungefestigt durch das Salz der Tränen und die Verzweiflung jedes Tages: und ich flehe zu dir mit beiden Händen: wenn es sein kann, möge ein Greis das Opfer sein und Abbild ganz Israels!

DIE STIMME Ich wählte, und ich erlas diesen Knaben.

JIZCHAK O Herr, Herr, so stärke ihn! Sende einen Engel herab zu ihm, daß er nicht zerbreche! Sende mich herab, nimm mich statt seiner an! Laß mich eingehen in seinen Leib und standhalten an seiner Statt!

DIE STIMME Seine Seele bleibt allein in seinem Leibe, und du wohne unter den Seligen, Jizchak, mein Sohn.

JIZCHAK *verzweifelt* Herr, Herr, ich fürchte, daß sie zerbricht! Und mit ihr das Volk!

DIE STIMME *gelassen* Sie zerbricht.

Jizchak fällt mit einem Schrei nieder, sein Gesicht in den Händen bergend; sein Körper bebt.

DIE STIMME *sanft* O Hirte, o Getreuer, sollte es sein, daß ich dies Volk verlasse? Nicht sprießt das Samenkorn eines Grases außer meinem Blick, nicht prallen erloschene Sterne berstend aufeinander und erglühen neu unbewilligt von mir, nicht drängt sich das Haupt eines Kindes aus dem Schoße der Kreißenden ohne mein Ja: sollte es sein, daß das Herz meines Volkes fortgeworfen werde wider mich? Geh hin und sei gesegnet.

Jizchak erhebt sich gesenkten Hauptes.

Dritter Akt

Erste Szene

Gang im Gerichtsgebäude, in den eine Zelle mündet, deren Tür weit offensteht, damit der Pandur jederzeit hinein kann, um den Gefangenen, Moritz, zu wecken, der nicht entfliehen kann, weil er an den Füßen angekettet ist. Ein Halseisen zwingt ihn, in sitzender Stellung zu bleiben; sein Sitz ist eine Holzbank unter dem Fenster, das, gegenüber der Tür, hochgelegen und vergittert ist und durch welches das Licht eines endenden Nachmittags im Spätfrühling fällt. Der Pandur tritt, absichtlich laut, zu Moritz, der ihn hört und aufschrickt. Sein Gesicht, ganz bleich und verfallen, ist durch die tiefen grauen Ringe völlig entstellt, die seine Augen umziehen. Er spricht mit tiefer, trockener und heiserer Stimme; ein Peitschenstriemen zieht sich schräg über seine Wangen.

PANDUR Wach auf, Jud.
MORITZ Nicht schlagen!
PANDUR Schlag ja nicht, wenn nicht schläfst.
MORITZ Schlafe nicht. Durst, Durst!
PANDUR Kann nicht helfen; Befehl.
MORITZ *mit geschlossenen Augen* Ich seh lauter Rotes, Heißes. Mein Hals ist mir so zerbrochen. Meine Gurgel ist aus Brennen.
PANDUR Kann nicht helfen; Befehl. Hast auch Hunger?
MORITZ Kein Hunger mehr.
PANDUR Hast ja dritten Tag nichts 'gessen. *Pandur hinaus.*
MORITZ *leidenschaftlich betend* Min hamezar korossi jo...

Die Stimme bricht ihm in einem krampfhaften Weinen und Würgen; er betet leise weiter, mit bewegten Lippen und geschlossenen Augen. Den Gang hinunter kommt Bary, hinter ihm der Schreiber; ihnen entgegen der Pandur.

BARY Meine Anordnungen sind strikt befolgt worden?

PANDUR Befehl, Euer Edlen. Nicht gegessen, nicht getrunken, nicht geschlafen.

BARY Schön, mein Sohn. Nun wollen wir uns den Engel mal ansehn. *An die Zelle tretend* Na, mein Jüngelchen, wie gefällst du dir jetzt?

Der Angeredete hebt langsam die Lider, erkennend die Hände gegen ihn ausstreckend.

MORITZ Weg ... weg ...

BARY Keine Fisematenten machen!

MORITZ Was hab ich Ihnen denn getan ... Sie quälen mich so, und dabei hab ich Ihnen nie was getan. Wasser! Wasser!

BARY Gelogen hast du. Verstockt bist du. Gestehe, und du bekommst alles, was dein Herz begehrt.

MORITZ Ich bin so müde. Was wollen Sie denn von mir? Ich bin doch unschuldig.

BARY Das alles hast du dir selbst zugezogen. Rede jetzt: was haben dein Vater und die anderen Juden mit der Esther gemacht?

MORITZ So wahr der Name des Herrn heilig ist, und so wahr die Seelen der Väter um ihn sind, und so wahr ich ein Jud bin, ich weiß nichts. Ich sterb. *Er wird ohnmächtig.*

BARY *den Fuß hebend* Aas! Ich lasse dich in Stücke hauen! Pandur! *Der Pandur kommt.* Halt. Nein. So nicht, das nützt ja nichts. Wir wollen das schlauer machen. *Zum Panduren* Bringt den Kerl in eine bessere Zelle, nehmt ihm die Ketten ab und gebt ihm ein Bett. Wenn er trinken will, gebt Ihr ihm erst Wasser, dann Wein. Wenn er essen will, bekommt er Schweinebraten, Kartoffel, Kraut, was er gerade mag.

SCHREIBER Verzeihen, Euer Edlen, Schwein wird er nicht mögen.

BARY Nach den Fasttagen wird er schon. Schlafen kann er, soviel er will; ferner soll er sich waschen und täglich zwei Stunden unter Aufsicht im Hofe, meinetwegen auch im Kastellansgarten, spazierengehen. Alles das eine Woche lang. Dann bringst du ihn mir auf Zimmer fünf, morgen in einer Woche vormittag um elf. Verstanden?

PANDUR Befehl, Euer Edlen.

BARY *zum Schreiber* Hat der Gendarm Schlosser einen Bericht gebracht? Ich meine in der Ermittlung des zweiten Mordes der Juden?

SCHREIBER Mir ist nichts vorgekommen, Euer Edlen.

BARY *gehend* Schicken Sie ihn mir, sobald er kommt. *Ab.*

SCHREIBER *zum Panduren, der Moritz die Fesseln abnimmt* Ich helf dir tragen. Du kannst ihm übrigens Gänsebraten geben, kein Schwein.

PANDUR *nickt vergnügt* Schon recht.

Zweite Szene

Vernehmungszimmer; wie 2. Akt, 4. Szene. Bary, Moritz; an der Tür der Pandur. Eine Woche später.

BARY Du siehst, wir können auch milde sein. Nun höre gut zu: du wirst es jetzt jeden Tag so schön haben wie diese letzte Woche, mein Sohn. Ich habe Mitleid mit dir, will dein Bestes fördern; du sollst gute Kleider bekommen. Was könnte aus dir werden, wenn man sich deiner annimmt! Alles, was du willst; wir werden für dich sorgen, wirst in eine gute Schule geschickt werden, kannst lernen, was du willst. Wir verschaffen dir eine gute Stellung; du darfst meinethalb studieren, auf die Hochschule gehn, Richter werden wie ich.

MORITZ Auch Soldat?

BARY Natürlich, wirst Leutnant werden oder Hauptmann; ich verspreche dir das. Bedingung ist, daß du mir endlich alles sagst, was du von dem Blutmord in eurer Synagoge weißt: wer die Tür aufgeschlossen hat, wer das Mädchen gehalten, wer es geschlachtet hat, wer das Blut aufgefangen hat und wohin ihr den Körper getan habt; alles, was sich zugetragen hat. *Moritz will entgegnen.* Nein, nein, jetzt kein Wort; passe lieber auf. Wenn du aber weiterlügst und schweigst, so schwöre ich dir zu: du kommst in einen Keller voller Ratten, von dem die Sonne nichts weiß, bekommst alle Wochen zweimal Hiebe und jeden Sonntag nichts zu essen, wochentags altes Brot und Wasser; und das solange, bis du krepierst, und wenn du siebzig Jahre alt wirst. Du kennst mich, du weißt, ich spaße nicht; und damit du siehst, daß es Ernst ist, wirst du heute bis zum Abend fasten und in deiner ersten Zelle angeschlossen werden. Rede jetzt nicht; morgen um diese Zeit will ich Antwort haben. Führe ihn ab.

Der Pandur nimmt ihn beim Arm.

MORITZ *wendet sich, schon im Gehen, zurück; flehend* Gnädiger Herr...! *Ab.*

BARY *zum Schreiber* Ich glaube, jetzt haben wir ihn. *Aufatmend* Endlich.

Dritte Szene

Die Treppe vor dem Gericht: Morgengrauen. Semael am Fuße der Treppe stehend.

SEMAEL Gesinde, treues, zeige dich.

STIMME DER DUMMHEIT *aus der Justitia* Ich bin stets hier.

DER KATZENHAFTE TEUFEL *aus dem Haus schlüpfend* Ich lasse nicht warten, Herr.

DER HÜNDISCHE TEUFEL *folgend* Ich bin auch da.

ERSTER TEUFEL Sei zufrieden mit uns, es steht zum Besten. Ich halte meinen Raub ganz fest, der Junge ist unser.

SEMAEL *die Treppe emporlaufend* Großes gewonnen, ihr Kerle, ihr goldenen Söhne! Er ist nicht mehr wert als die Sonne. *Jauchzend* Das ganze Volk muß jetzt seine Bahn gehn, er wirft's uns zu wie ein Bündel Stroh ins Feuer, fort von dem Alten, dem Thronenden, der sich vermaß, mich einzusetzen! Mir sprengt's in der Brust das hämmernde Herz...

ZWEITER TEUFEL *zum ersten* Hast du's etwa allein gekonnt? Herr, der Schuft putzt sich mit meinem Lohn! Daß ich dir nicht den Hals zerbeiß! Hab ich nicht scharf gehetzt? Ist nicht der Mann mein Ding, der ihn peitschen ließ? Hab ich nicht dem, der anfing, im Wald, am Flusse, das Herz verhärtet wie einen Stein? Hab ich nicht vielen das Blut vergiftet, Faust geballt? Und das Aas schwänzelt sich vor dich hin, o Herr!

SEMAEL *lachend* Du bist ein braver Hetzhund, ich weiß, ich weiß. *Packt ihn am Hals und schüttelt ihn liebkosend.*

ERSTER TEUFEL *eifersüchtig herandrängend* Nichts wäre deine Mühe wert ohne meinen weich lösenden Atem. Meine Worte reden süß im Ohre des Jungen, ob er wacht oder schläft, ich male ihm Sanftes so lind an die Haut, daß er gänzlich schmilzt, und hauche das Gütliche so streichelnd an sein Herz, daß er jetzt zerbricht in der Angst vor Hartem, wo's ihn doch vorher nur besser härtete. Lobe mich auch, o Herr!

SEMAEL *kraut ihn zwischen den Ohren* Gut bist du, wacker auch du. Ihr alle beide seid mir rechte Diener und festpackende Hände.

DUMMHEIT *klagend* Und ich? Die ich über allen bin? Die ich hier eingesperrt sein muß wie in einem Ei? Ich bin doch die Beste, Herr! Ist das Schwerste nicht meine Arbeit? O weh, o weh, sie bestehlen mich.

SEMAEL Niemand, Schäfchen, nimmt dein Teil. Du bist die Oberste und die Wackerste, du bist mein Stolz und unser Kleinod. Zufrieden, ja? Ist dir's so recht?

DUMMHEIT Jetzt bin ich froh und ganz zufrieden.

SEMAEL Und grimmig froh bin auch ich; ein Frohlocken in meiner Brust ruft Sieg. Aber wir wollen es noch bannen, aufheben bis zur rechten Stunde, damit es uns nichts verderbe. Dann wird ein Schrei des Jubels durch die zehn Höllen jauchzen: es ist geschehn! Schon sehe ich die Himmlischen schlottern, bleich, kalt und dunkel wie Winternacht, bald, bald! Noch bin ich da! Noch ist mir die Macht!

ERSTER TEUFEL Wann? Wann ist's vollbracht? Sag ein Zeichen.

SEMAEL Wenn der Knabe sich ohne Andacht beugt unter dem Wasser der Taufe, wenn er ohne Sinn kniet vor dem Kreuz aus langem und kurzem Holz, dann sprengt das Gelächter Ge-Hinoms toll und voll den Gurt der Welt.

ERSTER TEUFEL Ob ich das vermag?

ZWEITER TEUFEL Ich nicht, aber der Mensch.

SEMAEL Ich sende euch Hilfe, einen, der sich wohl darauf versteht. Das Werk gelingt, wir gewinnen, die Himmel ersaufen in Gram: kein Volk, kein Maschiach; ich der Herr! Und fort nun, fort, die Sonne steht auf! *Er versinkt.*

DIE TEUFEL Weg! Weg! *Eilen ins Haus.*
DUMMHEIT Ich bin schon weg.

Die Sonne geht auf.

Vierte Szene

Vernehmungszimmer. Moritz allein, auf Barys Platz sitzend.

MORITZ Mein Kopf tut mir weh; ich hab die ganze Nacht wach gelegen. Ich will nicht hungern, ich fürcht mich vor den Ratten, sie sind so groß und beißen! Und jede Woche will er mich zweimal hauen lassen – nein, nein! Das tut so weh! Warum soll ich nicht lügen? Er will doch belogen sein, er will durchaus. Das ist keine Sünde vor Gott, wenn er doch durchaus will. Und es schadet ja auch nichts. Mein Vater weiß ja, es ist nicht wahr, alle wissen's ja; sie werden sagen: Der Moritz hat gelogen, und gut. Da ist noch das Gericht; sie werden den Männern glauben und mir nicht; sie werden sagen: Er hat gelogen, weil der Bary ihn so gehauen hat. Schön, ich will ihm erzählen...

Er lacht leise; wie die Tür aufgeschlossen wird, stellt er sich mit dem Rücken zum Fenster. Eintreten Bary und der Schreiber; sie setzen sich hinter den Tisch, der Schreiber öffnet sein Protokoll.

BARY Hast du dir's also überlegt? Willst du dein Leugnen endlich aufgeben?
MORITZ Ja.
BARY Gott sei Dank! Das ist vernünftig. Also erzähle.
MORITZ Sie müssen mich fragen, ich erinnere mich schlecht.
BARY Gut; dann haben wir gleich alles, worauf es ankommt. Schreiben Sie jetzt. Du gibst also zu, daß die Juden die Esther Solymosi in der Synagoge geschlachtet haben?
MORITZ *nach einer Pause nickend; leise* ... Ja.
BARY *aufatmend* Endlich! Warst du dabei?

MORITZ *schnell* Nein, ich nicht.

BARY Aber du hast's gesehn; belauscht; du warst neugierig; durchs Schlüsselloch, wie?

MORITZ Ja, ich hab durchs Schlüsselloch geschaut.

BARY Haben Sie notiert? »Zeuge gewahrte durchs Schlüsselloch...«, wie?

MORITZ Wozu schreibt er das? *Zum Schreiber vertraulich* Lassen Sie's gut sein...

BARY Hat dein Vater von innen zugeschlossen?

MORITZ Es geht gar nicht von innen zu schließen.

BARY Da hast du also selbst zugeschlossen, nachdem dein Vater drinnen war, wie? Und dann bist du neugierig gewesen und hast durchgeguckt.

MORITZ Ja.

BARY Was hast du also gesehn? Da war die Esther Solymosi angebunden?

MORITZ Ja.

BARY Auf einem Tisch, wie?

MORITZ Auf einem weißen Tisch.

BARY War sie nackt? Sie war doch nackt, nicht wahr?

MORITZ *stockt* Ich weiß nicht genau... ja.

BARY Und was geschah mit ihr? Wieviel Männer waren dabei: zehn? Ein Dutzend, oder mehr? Zwanzig?

MORITZ ... Es werden fünfzehn gewesen sein.

BARY Wer denn; nenne sie. Außer deinem Vater also wer?

MORITZ Der Chasen, Reb Jizchok Leim, Reb David Ungeschehn, der Schauchet, Reb Jacob Schenkwirt...

BARY Schauchet, was ist das?

SCHREIBER Das ist der Schächter, der das erlaubte Fleisch schlachtet.

BARY Aha. Der hat wohl auch das Mädchen geschächtet.

MORITZ Ja.

BARY Wie macht er das? *Moritz zieht mit dem Finger eine Linie um seine Kehle.* Er schnitt ihr also die Kehle durch?

MORITZ ...Ja.

BARY Und schreien konnte sie nicht, weil ihr der Mund geknebelt war. So eine scheußliche Mörderbande lebt nun unter ahnungslosen Christen! Das Blut wurde aufgefangen, denn darauf hatten sie's doch abgesehn, wie? Worin denn?

MORITZ … In Schüsseln und Töpfen, auch in einem Krug.
BARY Ihr braucht das für eure Osterkuchen, für die sogenannten Mazzes?
MORITZ Ich glaub schon.
BARY Dein Vater war mit unter denen, die auffingen?
MORITZ Ja … Er hatte den Krug.
BARY Was geschah dann mit der Leiche?
MORITZ Ich weiß nicht.
BARY Wohin taten sie die Gefäße mit Blut?
MORITZ Ich weiß nicht.
BARY Hast also nicht bis zu Ende gesehn?
MORITZ Es kam jemand nachschaun, da lief ich.
BARY Dein Vater?
MORITZ Reb Jisroel Zadok.
BARY Genügt für heute. Heute sind wir einen tüchtigen Schritt vorwärtsgekommen. Unterschreibe, daß du alle Angaben freiwillig gemacht hast. Das hast du. Du stehst frei vor mir.
MORITZ Ja?
BARY Haben Sie? »Der Zeuge bestätigt, obige Aussagen freiwillig und der Wahrheit entsprechend …« Unterschreibe.
MORITZ Ich kann nur jüdisch!
BARY Also schreibe jüdisch.

Moritz schreibt.

SCHREIBER *vorbuchstabierend* Moscheh ben Jossef Scharf.
BARY Das genügt, es genügt ja. Schnell, lassen Sie anspannen, ich fahre selbst zu Baron Onody mit der guten Nachricht.

Bary ab; der Schreiber dreht sich hinter ihm um und speit in der Richtung nach Moritz auf den Boden; auf der Schwelle nachdenklich

SCHREIBER Das heißt … ist doch ein armes Luder. – He, Pandur!
MORITZ *nachdenklich* Was spuckt er? Spuckt er auf mich?

Ein Dreiweg in ebenem Lande, Nacht, heller Mondschein. Von rechts und links streben zwei Wege aufeinander zu, die sich zu einem dritten breiteren vereinigen. An der Ecke des Treffens ein hohes leeres Kreuz, ganz schwarz. Von rechts kommt der Prophet Elijahu; ein großer Mann, angetan, wie man sich die Patriarchen vorstellt, in langes und weites Faltengewand, mit langem Haar und weißem Bart; von links Jacob Pfefferkorn, der Renegat, klein, mit dem Gesicht des niedrigsten Judentyps, mittelalterlich gekleidet, auf der Schulter den großen gelben Judenfleck, auf dem Kopfe den spitzen Judenhut, in der Hand einen Geldbeutel. Elijahu trägt in der Hand den langen Stab des Wanderers und Hirten und einen Gebetmantel über dem Gewand.

ELIJAHU *berührt den anderen mit seinem Stab* Steh, Bruder; wohin?

PFEFFERKORN *bedächtig, heiser redend* Bist du Elijahu, der Prophet, und nennst mich Bruder?

ELIJAHU Du bist der Jude Jacob, genannt Pfefferkorn. Du hast deine Brüder verraten, bespien deinen Stamm; deine Seele hast du zertreten um Geld und aber Geld. *Pfefferkorn klingelt mit dem Beutel.* Dein Blut hast du besudelt, die Mutter hast du geschändet, die dich gebar. Dein Name macht die Luft unrein, in der er ertönt; du hast dem Ewigen abgesagt, dem Herrn der Scharen, und lügnerisch dich diesem Zeichen gebeugt – *auf das Kreuz deutend* –, weitab von dem Geiste, den dieses Zeichen meint. Du bist das Verächtlichste; ich verachte und hasse dich – und nenne dich Bruder.

PFEFFERKORN Du bist Elijahu, der Prophet, der die Lehre sprach in den Tagen Ahabs, des Königs von Israel, und Isebels von Sidon; die Raben ernährten dich, die Ketten des irdischen Ablaufs lösten sich unter deiner wunderwirkenden Hand; du sahest das Antlitz des Ewigen, und sein Wagen entrückte dich gen Himmel am Ende deiner Zeit. Ich beneide und hasse dich – und nenne dich Bruder.

ELIJAHU Bruder, wohin?

PFEFFERKORN Ich gehe, einen Knaben an mich zu reißen. Um Leibesnot gab er seinen Vater in die Hand der Feinde, seinen Vater und viele seiner Brüder. Ich gehe, ihm aus der Tat eine Kette zu schlingen und ihn zu ziehen auf meinen Weg. Bruder, wohin?

ELIJAHU Ich gehe, die Herzen der Brüder zu stärken. Ich gehe, mit dir um diesen Knaben zu streiten. Seine Tat kennt er nicht; er ist ein Kind gerade hinter der Grenze, von der ab ihm zugerechnet wird, was er vollbringt. Die Leiden seines Leibes fühlt er, aber er weiß nichts von der Seele und ihrem Leide. Bruder, ich entreiße dir diesen.

PFEFFERKORN Ich bin stärker als du; ich vollbringe es. Ich habe Verbündete in der Zeit, wohin ich sehe.

ELIJAHU Ich bin allein. Aber meine Augen erblicken das Wesen hinter der Zeit, und ich kenne den Maschiach. Am Ende der Tage will ich obsiegen über dich.

PFEFFERKORN Töte mich, und etwas ist in mir, das dich lobpreist. Aber bis zum Ende der Tage bin ich dein Feind, Bruder.

ELIJAHU So sei es. Wir haben einen Weg, Bruder; gehen wir ihn miteinander.

PFEFFERKORN So sei es, Bruder.

Sie vereinigen sich; die mittlere Straße geht eine Gestalt allein, von rückwärts gleich Elijahu, aber ein gelber Fleck ist auf seiner Schulter, der Geldbeutel ist in seiner Hand, und er wirft zwei Schatten im Monde, einen nach rechts, einen nach links.

Sechste Szene

Spätsommer. Vor dem Gerichtsgebäude in Nyiregyhaza (wie 3. Akt, 3. Szene) drängt sich eine Menge Bürger in Werktags- und Arbeitskleidern, Bauern, Knechte, Zigeuner. Links vorn der Pfarrer.

PFARRER *ersteigt die unteren Stufen* Leute, Mitbürger, hört mich an. Unsere Christenseele steht auf dem Spiele.

VIELE *murren* Weg! Weg!

EINE FRAUENSTIMME Istoczy soll reden! Hört den Abgeordneten von Istoczy!

VON ISTOCZY *in der Eleganz der achtziger Jahre, eilt die Treppe empor und steht unterhalb der Justitia, von Hochrufen und Händeklatschen empfangen; er spricht als geübter Agitator und Parlamentsredner* Bürger! Brüder! Patrioten! Ich verstehe eure Erregung, ich teile sie. Schon frohlockten wir, daß einige wenige von den zahllosen Blutegeln, die Ungarns beste Säfte trinken, ins Netz der Justiz – *er deutet auf die Gipsfigur* – geraten seien, daß eine winzige Wunde dem Leibe des verfluchten Vampirs geschlagen sei, der nicht unseren Toten, der uns, den Lebendigen, das Herz zerfrißt – da kommt die Kunde, daß die meisten jener giftigen Reptilien wieder losgelassen seien! Bürger! Zweiundsiebzig Juden hat man verhaftet, zweiundsiebzig von den siebenhundertzwanzigtausend, die Ungarn überziehen wie eine Krätze, wie ein Ausschlag, zweiundsiebzig, von allen den zehntausendsten Teil: und was geschieht? Man läßt siebenundfünfzig wieder los! Warum, fragen wir, und die Behörde, die uns schützen soll, antwortet: Es liegt kein Beweis gegen sie vor. Brüder, hört das Wort »Beweis«, merkt euch dieses Wort »Beweis«! Einem Bauern wurde ein Lamm von den Ratten gefressen; er eilte hin und fand in einem Loche zweiundsiebzig Ratten; was tat er? Fragte er: Wer von euch hat das Lamm gefressen? Nein, er holte heißes Wasser und brühte sie alle, alle brühte er zu Tode! *Beifall.* Ist Ungarn dümmer als der Bauer? *Geschrei: Nein, nein!* Ist ein holdes Mädchen weniger wert als ein Lamm? *Geschrei.* Und die Behörde fragt nach Beweisen! Du bist eine Ratte, das ist genug Beweis, sagt der Bauer. Es sind Juden, was brauchen wir mehr Beweise, hätte die Behörde sagen sollen! Blut wider Blut! Ist ein ungrisch Mädchen nicht zweiundsiebzig Juden wert? *Ruf: Alle Juden!* Ich gehe nicht so weit wie der ehrenwerte Mann, der den Tod aller Juden verlangt hat; es wäre unchristlich, so zu handeln, obgleich man sagen könnte, die Juden, die den Heiland kreuzigten, sind keine Christen und darum vogelfrei, sie dienen dem Satan, und darum schlagt sie tot! *Geschrei: Tot! Tot!* Oder dienen sie nicht dem Satan? Von 1869 bis 1870 sind in Ungarn und Siebenbürgen sechsunddreißigtausend Menschen an der Cholera und anderen Seuchen gestorben: dabei war fast kein Jude! *Schreien.* Kommt die

Pest etwa von Gott, oder kommt sie vom Teufel? *Ungeheures Geschrei.* Die Antwort gebt ihr euch selbst, denkende Patrioten. Denn wer weiß nicht, meine aufmerksamen Zuhörer, daß diese Juden den Talmud haben, ein Gesetzbuch, wie es scheußlicher kein Götzendiener Indiens befolgt, das ihnen befiehlt, uns Christen zu bestehlen, zu schänden, zu martern und zu morden, uns, ihre gastfreundlichen Wirte! Und nicht allein uns Ungarn. In ganz Europa stehn die Völker auf und besinnen sich; was für ein Gesindel frißt da, was wir schaffen? In Preußen fing es an, der große Bismarck, dessen Ruhm ihr alle kennt – *Hochrufe auf Bismarck* –, hat die Deutschen befreit auch vom Judenjoche; in Polen und Rußland murren unsere Brüder und wollen sich helfen; in Rumänien wehren sie sich selbst und schlagen tot; und sogar in Frankreich, in England, im freien Amerika kommen die vernünftigen und arbeitsamen Männer zu sich – und wir sollten die letzten sein? *Rufe: Nein, nein, oho!* An der Spitze soll man uns sehen! *Begeistertes Geschrei.* Denn was sind wir für ein prächtiges Volk; Männer wie Kinder, offen ausgebreitet sind wir wie unsere Steppen, und schnell zur Tat wie unsere Pferde, und gut zu Freunden wie unser Weizen, und so tatkräftig wie unser Wein, und so verläßlich wie unser Säbel, und vertraulich und großmütig wie unsere Häuser und Städte. *Freudige Zustimmung.* Und die Juden? Da sitzen sie unter uns, fremd und kantig wie Geldkästen, und dunkel wie ihre Bethäuser, und so heimlich wie ihre Gebetbücher, die niemand lesen kann, und so feige, listig und schwach wie – nun, wie Juden. Wer von euch kennt einen Juden richtig? Ich nicht. Du, oder du, oder du etwa? *Geschrei: Niemand, niemand!* Keiner kennt ihn. Der Jude lacht nicht mit uns und trinkt nicht mit uns und trauert nicht mit uns und sitzt für sich da wie ein Stein, den auch keiner kennt. Und das alles sollen wir noch länger bei uns dulden? Ich habe vor vier Jahren im Reichsrat von der Regierung verlangt, sie möge alle Juden aus Ungarn entfernen; ich verlange es heute wieder! Sollen sie nicht totgeschlagen werden, so schmeiße die Regierung sie nach Palästina, zu den Türken, wohin sie gehören. Sollen im christlichen Staate Ungarn nicht einmal die Christenkinder sicher sein? Sollen sie, die unser Gut an sich reißen, auch unser Blut trinken dürfen? Darum fordere ich: Weg mit den Juden! Nieder die verfluchten, beschnittenen Bestien!

DIE MENGE Tod den Juden! Hoch Istoczy!

Er wird im Triumph weggetragen.

EIN BAUER *vorn, ehe er folgt, zum andern* Beim Leichnam Christi, wenn der Jud kommt, sein Geld holen, schlag ich ihm mit der Harke den Schädel ein.

Der Pfarrer drückt sein Gesicht in die Armbeuge, ein Schluchzen schüttelt ihn.

Siebente Szene

Frühling 1883. Der große Kreisgerichtssaal in Nyiregyhaza. Der Zuhörerraum ist überfüllt von Bürgern und Bauern; gleich an der Tür (rechts) sitzen von Onody, von Istoczy und Bary; nahe den Angeklagten Frau Scharf; im Zeugenraum Frau Solymosi, später der Gendarm Schlosser; auf der Anklagebank, von Panduren bewacht, fünfzehn Juden, darunter der Rabbiner, der Vorbeter, der Schächter, der Synagogendiener Scharf, Jacob Schenkwirt, Jizchok Leim, David Krakauer. Der Pressetisch unterhalb der Verteidigertribüne, auf der fünf Verteidiger sitzen, davon Dr. Eötvös, Dr. Heumann und Dr. Funták, ist eng besetzt; auf der Richtertribüne der Gerichtshof, als Vorsitzender Gerichtspräsident von Korniss, als Staatsanwalt der Oberstaatsanwaltssubstitut Szeyfferth.

DR. EÖTVÖS Ich beantrage die Bestrafung und sofortige Verhaftung des Abgeordneten von Onody wegen Beleidigung und Mißhandlung des Staatsanwalts. Der Abgeordnete von Onody hat gestern nachmittag den Staatsanwalt auf offener Straße mit seinem Spazierstock geschlagen, nachdem derselbe eine Pistolenforderung abgelehnt hatte. *Von Onody lacht sehr laut, ebenso Bary und von Istoczy.* Ist das dem Herrn Präsidenten nicht bekannt geworden, so teile ich es ihm hierdurch mit.

PRÄSIDENT *zum Staatsanwalt* Besteht der mitgeteilte Sachverhalt?

VON ONODY *dazwischenrufend* Jawohl, jawohl, gewiß!

STAATSANWALT Ich habe dazu zu sagen, daß die Tatsache stimmt. Ich bitte aber im Interesse des Rufes dieses Gerichts als eines unbedingt unparteiischen, den Antrag abzulehnen.

PRÄSIDENT Ich lehne den Antrag ab, weil die Bestrafung und Verhaftung eines Abgeordneten ohne Parlamentszustimmung nicht statthaft ist. Ich ermahne den Abgeordneten von Onody aber, sich dem Anstand entsprechend zu benehmen.

Von Onody lacht und winkt ihm freundlich zu.

DR. HEUMANN Ich beantrage die Verstärkung der Polizei, gegebenenfalls die Heranziehung von Militär. Entlastende Zeugen werden vom Pöbel beschimpft und mißhandelt. Ich erkläre, daß die Abgeordneten von Onody und von Istoczy verdächtig sind, den Straßenpöbel zu verhetzen und ihn zu informieren über die Art der jeweiligen Aussagen. Ich beantrage den Ausschluß der Abgeordneten.

PRÄSIDENT Das ist nicht zu kontrollieren. Um die Straße können wir uns hier nicht kümmern; Polizei wird herangeholt werden; Leute auszuschließen überlassen Sie bitte mir. Ich erinnere die Zeugen nochmals daran, daß sie unter Eid reden; auf Meineid steht schwerer Kerker. Zeugin Solymosi, wie kommen Sie zu der Behauptung, die Juden hätten Ihre Tochter getötet?

FRAU SOLYMOSI Ich hab geträumt. Gott hat mir's im Traum gezeigt.

PRÄSIDENT Ist das alles, was Sie an Gründen haben?

FRAU SOLYMOSI Die Karte hat's gesagt. Die Karte sagt wahr. Die Juden haben mein armes Mädel geschlachtet, meine schöne, arme Tochter. *Weint.*

PRÄSIDENT Sie haben ja ein Jahr Zeit gehabt, sich zu trösten. Gesehen haben Sie also nichts. Sie haben vorhin erklärt, Ihre Tochter wäre nach einer Krebsreuse schauen gegangen. Da kann sie doch ins Wasser gefallen sein, nicht wahr.

FRAU SOLYMOSI So ein geschicktes, starkes Mädel wie meins kann gar nicht ins Wasser fallen.

PRÄSIDENT Sie bleiben dabei, daß die von den Flößern seinerzeit gefundene Leiche die Ihrer Tochter ist?

FRAU SOLYMOSI *nickt erst, dann* Ja. Ja. O Maria, wie hat sie ausgesehn!

PRÄSIDENT Fassen Sie sich. Woran haben Sie sie erkannt?

FRAU SOLYMOSI An allem. An dem Fingerring mit dem Vergißmeinnicht. Es war meine Tochter. An den Haaren. Sie hat die Kleider, und das Halskettlein hat sie umgehabt, das ihr der Pate geschenkt hat, wie sie ist gefirmt worden. Es war eben meine Esther. Du allerheiligste Jungfrau, nimm mich von der Welt.

PRÄSIDENT Es ist gut, Sie können gehn. Wenn wir Sie brauchen, schreiben wir's Ihnen.

Frau Solymosi geht weinend ab; wie sie bei Bary vorüberkommt, sagt er laut

BARY Saudummes Weib.

PRÄSIDENT Wachtmeister Schlosser! *Ein Pandur ruft den Gendarmen herein.* Sie haben zu Protokoll gegeben, die aus der Theiß gefischte Tote sei die Solymosi.

SCHLOSSER Ich bin überzeugt, daß die Leiche die der Esther Solymosi ist.

Pfeifen im Zuhörerraum.

PRÄSIDENT Warum? Bitte Ruhe!

SCHLOSSER Weil das der allgemeine Eindruck war, den ich beim Ansehen hatte. Besser als die eigene Mutter kann doch niemand das Mädel kennen. Ich habe schon Hunderte von Leuten immer wiedererkannt, wenn ich sie einmal gesehn hatte, mein Amt ist so. Und die Esther hab ich nicht einmal, sondern hundertmal gesehn.

PRÄSIDENT Sie waren beauftragt zu recherchieren, ob die Theiß entlang ein Mädchen von ähnlichem Alter vermißt wurde. Wie war das Ergebnis?

SCHLOSSER Ich habe keinen Fall gefunden.

BARY *laut* Weil er keinen finden wollte!

Zustimmung bei den Zuhörern.

SCHLOSSER Ich habe nur einen gefunden, wo ein zwölfjähriges Mädchen vermißt wurde, und die hat sich wieder zugefunden.

VERTEIDIGER DR. FUNTÁK Sie sind der Meinung, daß ein Unfall vorliegt?

SCHLOSSER *fest* Ich bin der heiligen Überzeugung, daß hier kein Mord begangen ist, weder von den Juden, noch...

Ungeheurer Lärm bricht aus.

VON ISTOCZY *aufspringend* Er ist gekauft, er ist bestochen!

RUFE Hep hep, Judenknecht, hep hep!

Präsidentenglocke.

BARY Und so ein deutscher Säufer wird mit ungarischem Geld bezahlt!

RUFE Weg mit Schlosser! Nieder mit Schlosser!

PRÄSIDENT Ruhe! Ruhe! Sie haben sich still zu verhalten! Sie haben ruhig zuzuhören! Ich lasse Sie alle ausschließen, ich hebe die Öffentlichkeit auf!

ISTOCZY Wagen Sie's doch! Und sehen Sie zu, wieviel Türen hier ganz bleiben!

Beifall: Hoch Istoczy!

ONODY Und wieviel Beulen auf euren Köpfen wachsen werden!

PRÄSIDENT Ich setze die Verhandlung aus, bis Ruhe eintritt.

Nach einer Pause.

STAATSANWALT Wie hat sich nach Ihrer Meinung dieser Unfall zugetragen?

SCHLOSSER Das Mädel hatte eine Reuse in der Theiß; sie ist ausdrücklich deshalb von Hause fortgegangen. Die Theiß ist an der Stelle steil und tief... ich meine, das Ufer ist steil, und das Wasser ist tief.

STAATSANWALT Sie kennen die Stelle?

SCHLOSSER Ich habe die Reuse selbst herausgeholt, sie ist schwer, wenn sie voll ist.

DR. FUNTÁK Und beim Nachsehen ist nach Ihrer Ansicht die Esther ausgeglitten und ins Wasser gestürzt.

SCHLOSSER Sie brauchte gar nicht auszugleiten. Sie brauchte nur das Gleichgewicht zu verlieren.

PRÄSIDENT Das ist hier geschehen?

SCHLOSSER Nach meiner festen Überzeugung: ja.

Der Lärm, der beginnt, schweigt sofort auf Istoczys Wink.

PRÄSIDENT Demgegenüber stehen aber andere Zeugen.

SCHLOSSER *geringschätzig* Die anderen Zeugen...

STAATSANWALT Seien Sie vorsichtig, Wachtmeister.

DR. EÖTVÖS Ich bitte darum, den Zeugen Schlosser nach seiner privaten Meinung über die Zeugen zu befragen.

PRÄSIDENT Wollen Sie auf diese Frage antworten?

BARY *hinüberrufend* Nehmen Sie sich in acht!

ONODY *ebenso* Ich habe noch was zu sagen im Komitat!

DR. EÖTVÖS *leidenschaftlich aufspringend* Hören Sie? Hören Sie das? Ich frage das hohe Gericht, ob es das zulassen will! Ich protestiere im Namen aller anständigen Magyaren gegen diese maßlose Frechheit. Nicht ein paar armselige Israeliten sitzen hier auf der Anklagebank, ganz Ungarn, das ganze aufgeklärte und gerechte Ungarn ist hier angeklagt, der Staat des heiligen Ludwig und des Matthias Corvinus, der Staat, der Jahrhunderte hindurch Europas Bollwerk war gegen den Türken, dieses Ungarn ist von demselben Europa angeklagt der ruchlosen Barbarei, der lächerlichen Feigheit vor ein paar verschuldeten Schreiern und blöden Bauern! *Wilder Lärm.* Jawohl, Sie – *zu den Zuschauern* – sind die Ursache und der Schandfleck, deswegen wir alle mißachtet sein sollen! Aber das wollen wir nicht! Wir wollen den ungarischen Namen reinhalten vor der Kulturwelt und dem Urteil der Geschichte! Wir lassen uns nicht vergewaltigen, wir protestieren gegen euch, wir sagen uns von euch los...

Hier applaudiert Istoczy; der Lärm, das Gelächter, das Hep-Hep-Rufen übertönt seine Stimme. Glocke des Präsidenten vergeblich.

ISTOCZY *auf die Bank springend* Ruhig, ruhig, Freunde! Der Mann wird doch dafür bezahlt! *Es wird still.* Gute Leistung, Doktor. Mein Kompliment. *Mit einer Verbeugung vor dem Präsidenten springt er herab.*

STAATSANWALT *der von dem Lärm ganz unberührt in den Akten geblättert hat* Ich habe hier die Protokolle. Ich sichere Ihnen, wenn Sie sich fürchten, um jede Beeinflussung auszuschalten...

SCHLOSSER Vor denen da fürchte ich mich nicht. Ich habe Frau und Kinder.

STAATSANWALT Ich sichere Ihnen Versetzung an die Westgrenze zu. Es haben da einige Bauern – laß sehn: drei, vier, acht Bauern positiv belastende Aussagen gegen die Angeklagten gemacht.

SCHLOSSER *lebhaft* Die Bauern sind alle den Juden Geld schuldig. Sie denken, sind die Juden nicht mehr da, so brauchen sie nicht zu zahlen.

PRÄSIDENT Das ist Ihre private Meinung.

SCHLOSSER Ja.

STAATSANWALT Die Achse, um die sich alles dreht, ist aber die Aussage des Moritz Scharf.

Hier zucken die beiden Eltern Scharf, die sich bisher unausgesetzt angesehen haben, zusammen; er verbirgt sein Gesicht in den Händen, sie nestelt aufgeregt an allen ihren Kleidern.

SCHLOSSER Ach, der Junge! *Vorsichtig* Man hört manches, wie Aussagen zustandekommen.

STAATSANWALT Ich habe da einen anonymen Brief bekommen...

BARY Den will ich sehen!

STAATSANWALT *kühl fortfahrend* ...der ähnliches andeutet wie Sie eben, ja, es stehn sogar ganz präzise Angaben darin. Ich werde den Brief zu den Akten geben, obwohl ich sonst auf solche Zuschriften keinen Wert lege. Haben Sie den Brief geschrieben?

SCHLOSSER Nein, Herr Staatsanwalt.

STAATSANWALT Können Sie sich denken, was darin steht?

SCHLOSSER Ja.

STAATSANWALT Der Knabe hat aber zu Protokoll gegeben, er habe alle Aussagen freiwillig gemacht, und hat eigenhändig unterschrieben.

Frau Scharf beginnt leise zu weinen.

SCHLOSSER Herr Staatsanwalt, wenn einer uns so zugesetzt und gedrillt hätte, als wir dreizehn waren – Verzeihung, Herr Staatsanwalt –, wir hätten auch alles unterschrieben.

Zuhörer pfeifen.

PRÄSIDENT *zum Staatsanwalt* Haben Sie noch eine Frage an den Zeugen? Nein? Dann können Sie gehen.

Der Gendarm nimmt die Hacken zusammen und geht. Als er an der Anklagebank vorüberkommt, sagt der

RABBINER *laut* Hazadikim scheb' chol gaujjim jesch lochem chelek boaulum haboh.

Onody geht ans Fenster und winkt mit dem Taschentuch.

PRÄSIDENT Was bedeutet das?
RABBINER Zu ungarisch: Die Gerechten aller Völker haben teil am ewigen Leben.
SCHLOSSER *bleibt unterdes kurz vor der Tür stehen, holt langsam den Revolver aus dem Futteral, dreht die Trommel, nachsehend, ob alle Kammern geladen sind, und sagt halblaut, indem er die Waffe einsteckt, so daß der Griff heraussieht* Der erste Schuß in die Luft, der zweite trifft. *Er geht hinaus; kurz darauf vor den Fenstern ein wüstes Geschrei, ein Schuß und Stille.*
ONODY Feige Schweine.
PRÄSIDENT Der Zeuge Moritz Scharf!

Der Pandur geht zur Tür. Die Juden, die bleich und unglücklich ohne rechten Anteil dagesessen haben, wachen auf. Im Zuhörerraum wird es ganz still. Frau Scharf richtet den Oberkörper auf, ihr Gesicht spannt sich hart; wie sie des eintretenden Sohnes ansichtig wird, steht sie sehr langsam auf, öffnet bei herabhängenden Armen den Mund und fällt ohnmächtig um. Onody und Bary lachen. Josef Scharf, der aufspringt, um ihr zu helfen, wird von den Panduren zurückgehalten. Moritz wendet sich mit einer scheuen Bewegung ab, dem Präsidenten zu. Er ist gut gekleidet wie ein ungarischer Bauernsohn, mit hohen Stiefeln, weißem Hemd und blauen Tuchhosen. Sein Haar ist kurz geschoren, so daß die Schläfenlocken fehlen; er spielt mit einer Gerte, ist ein hübscher Junge und weiß es. Die Augen seines Vaters, der vorgebeugt dasteht, die Hände auf der Barre, blicken hin und her zwischen seiner Frau und seinem Sohne.

PRÄSIDENT Tragt die Frau hinaus und wascht ihr den Kopf mit Branntwein.

Zwei Rechtsanwälte helfen den Panduren.

BARY *zu Istoczy* Ist er nicht ein hübscher Bengel für ein Judenei?
ISTOCZY Ein entzückendes Kerlchen, wahrhaftig!

Beide lachen.

SCHARF *fordernd* Moritz!

Der Sohn dreht sich halb scheu ein wenig um und wendet sich dann der Richtertribüne wieder zu. Er ist sehr angeregt von der Rolle, die zu spielen er berufen ist; sein Wesen ist etwa das eines sechzehnjährigen Knaben.

SCHARF *dringender* Moritz, mein Sohn!
PRÄSIDENT *zu Scharf* Sie müssen noch einen Augenblick warten. Nun, mein Sohn, sage uns alles, was du von der Ermordung der Esther weißt. Merke dir aber, du mußt das allenfalls beschwören können; beschwören, du verstehst, bei Gott im Himmel –
MORITZ Ich werde gern beschwören, Herr Präsident. Also, wie sie alle aus der Schul gingen, am Freitagabend, gibt mir

mein Vater die Schlüssel und sagt: Geh hinter die Schul und wart, bis ich dich rufe. Ich geh um die Ecke, da denk ich, wirst ein bissel zuschaun, was sie machen; guck ich also vor. Was seh ich? Der Jizchok Leim da und David Krakauer schleppen ein Mädel in die Schul, und der Scharf hält die Tür auf.

SCHARF *drohend* Moritz!

Die beiden anderen Beschuldigten springen erregt auf.

STAATSANWALT Der Scharf? Das ist doch dein Vater, wie?

MORITZ *leichthin* Ja. Wer ist's? Die Solymosi Esther. Sie war schön! Ganz blaß, mit schwarzen Locken, und einen Blumenkranz hatte sie auf den Haaren.

DR. FRIEDMANN Ich beantrage, die nächsten Zeugen darüber zu vernehmen, daß das Mädchen blondhaarig war.

MORITZ *gekränkt* Sie hat schwarze Haare, ich hab's doch gesehn. Wie sie drinnen sind, ruft mich der... mein Vater. Schließ zu hinter mir, sagt er, und geh heim. In zwei Stunden komm wieder. Ich schließ zu, geh aber nicht heim, ich will zuschaun und seh durchs Schlüsselloch. Was war? Die Esther liegt auf einem roten Tisch, und der Vorsteher sagt einen Segen über sie, und die anderen sagen Amen.

SCHARF *brüllend* Moritz!

PRÄSIDENT *ruhig* Mäßigen Sie sich, Angeklagter Scharf. Ich begreife ja – aber ich muß Sie ersuchen...

STAATSANWALT *in die Akten sehend* Wie war der Tisch gefärbt?

MORITZ Rot doch, weil es ja ein Bluttisch war. Dann schneidet der Schächter ihr mit dem großen Kälbermesser den Hals durch, und die andern fangen das Blut in großen silbernen Schalen auf.

SCHARF *leise, wie verendend* Moritz...

Ein Angeklagter legt ihm die Hand auf die Schulter.

STAATSANWALT *notierend* In silbernen Schalen?

MORITZ Ja. Es waren zwölf Schalen, für jeden Stamm eine. Bloß der Rebbe, der Chasen und der Schächter hatten keine. Dann stellen sie die Schüsseln auf den Altar, und der Vorbeter macht Kiddusch. Dann beten sie. Dann schneiden sie die Esther in zwölf Teile und packen jedes in ein leinenes Tuch. Dann waren zwei Stunden um, und mein Vater klopft an die Tür. Ich mache auf, er nimmt die Schüssel und sagt: Geh wieder schlafen. Ich verstecke mich wieder, sie gehn alle auf den Bês Aulom, das ist, was bei euch Kirchhof ist. Da seh ich, wie sie zwölf Kindergräber aufgraben, in jedes legen sie ein Stückel Esther und machen wieder zu. Da bin ich weggelaufen, wie die Uhr zwölf schlägt.

PRÄSIDENT Und das hast du gesehen? Das ist alles wahr?

MORITZ *strahlend* Ja, Herr Präsident.

DR. FRIEDMANN Ich beantrage im Namen meiner Kollegen, die Ehefrauen der Angeklagten als Zeugen zu laden und sie darüber zu vernehmen, wann die einzelnen Angeklagten am fraglichen Freitag nach Haus gekommen sind.

STAATSANWALT Ich schließe mich an.

PRÄSIDENT Ich halte die Zeugenladung ebenfalls für nötig. – Was haben die Angeklagten auf das Zeugnis zu erwidern?

DER RABBINER *ein Greis, sagt feierlich, während alle Angeklagten aufstehen, Scharf gestützt auf David Krakauer* Bei dem unaussprechlichen Namen des Einzig-Ewigen, bei dem Andenken unseres Lehrers Moscheh, gesegnet sei er, bei der heiligen Lehre und beim Andenken der Märtyrer, die für den Glauben starben, Rabbi Akibas und all der Ahnen, beschwöre ich hier vor Gott, daß nichts wahr ist von dem, was das Kind sagt. Der Ewige hört mein Wort und tilge mein Teil an jener Welt, wenn ich im Irrtum oder in Lüge rede.

DIE ANGEKLAGTEN Amen, Amen.

DER RABBINER Es steht geschrieben im Buche der Schöpfung, im neunten Kapitel, im vierten Vers: »Ihr sollt das Fleisch nicht essen, das noch in seinem Blute lebt.« Ferner lesen wir im Buch der Gesetze sieben, sechsundzwanzig: »Ihr sollt nicht essen irgendein Blut, weder vom Vieh noch vom Vogel, überall, wo ihr wohnet; welche Seele aber würde ein Blut essen, die soll ausgerottet werden von ihrem Volk.« Und ferner steht im selben Buch, siebzehn, zehn bis vierzehn, dasselbe wie folgt: »Und welcher Mensch, sei er vom Hause Israel oder ein Fremder bei euch, irgendein Blut isset, wider den will ich mein Antlitz setzen, und will ihn rotten mitten aus dem Volk, denn das Blut ist die Versöhnung, weil das Leben in ihm ist, und des Leibes Leben ist im Blut, solange er lebet.« Und aber lernen wir im Buche der Wiederholung, zwölf, dreiundzwanzig: »Allein merke, daß du das Blut nicht essest; denn im Blut ist die Seele; darum sollst du die Seele nicht mit dem Fleische essen, sondern sollst es auf die Erde gießen wie Wasser.« Das aber ist uns nicht nur vom Blute der Tiere gesagt, sondern von allem Blute. Ich hebe die Hände auf und schwöre: sie sind rein von Menschenblut. So gewiß soll unser Blut vergossen werden, wie wir an jenes Mädchen gerührt haben.

DIE ANGEKLAGTEN *die Hände erhebend* Amen, Amen.

VON ONODY Solche Teufel seid ihr Juden eben, daß ihr trotz aller Verbote Christenblut in die Mazzes tut, weil's der Talmud befiehlt.

STAATSANWALT Über die religiöse Frage werden wir später mit den Sachverständigen reden. Mir würde jetzt eine persönliche Aussprache des Zeugen mit seinem Vater am Herzen liegen. Wenn der Herr Vorsitzende gestatten – stelle dich einmal hierher, mein Sohn – *er läßt ihn sich so aufstellen, daß er beide, Vater und Sohn, genau beobachten kann* –, und nun, Angeklagter Scharf, reden Sie zu Ihrem Sohne.

SCHARF Herr Präsident, ist das mein Sohn Moritz? Komm einmal her, laß dich anschaun. Bist du mein Sohn Moritz?

MORITZ Ich mag nicht.

SCHARF Bist du mein Sohn?

MORITZ Ja schon, ich bin Ihr Sohn.

SCHARF Du sagst Sie zu mir, zu deinem Vater?!

MORITZ Soll ich zu einem Juden vielleicht Edler Herr sagen?

SCHARF Gott schütze meine Eltern in ihrem Grabe.

MORITZ Sie haben die Esther schlachten helfen, ich hab's gesehn.

SCHARF Bist du frech genug zu sagen, daß du jemals die Tür der Schul hast zuschließen dürfen?

MORITZ Ich habe sie hinter Ihnen zugeschlossen.

SCHARF Dann lüge ich?

MORITZ Ganz recht, Sie lügen.

SCHARF Moritz, beim Herzen deiner Mutter bitte ich dich, sag die Wahrheit. Ich liege hier vor dir auf den Knien und bitte dich: tu uns das nicht an, sag die Wahrheit! Mir graut nicht vor dir, ich habe keinen Abscheu vor dir, denn du bist ja mein Kind: nur sag die Wahrheit.

MORITZ Ich sage die Wahrheit, und ich habe Abscheu vor Ihnen.

SCHARF Sei verflucht!

MORITZ Seien Sie nur still, wen ein Mörder verflucht, der ist gesegnet.

PRÄSIDENT Du redest ja recht sonderbar mit deinem Vater.

MORITZ Ich gehöre nicht mehr zu den Juden; schon ein Jahr her, daß ich mit einem geredet hab.

BARY *dem Staatsanwalt zurufend* Nun, Herr, was tun Sie jetzt mit Ihrem Brief?

PRÄSIDENT *der kurz vorher mit dem Staatsanwalt leise geredet hat* Ich vertage die Verhandlung und setze von heut in einer Woche einen Lokaltermin in Tisza Eszlar an, wo die Vernehmung des Zeugen fortgesetzt wird. Ich schließe die Sitzung.

DER RABBINER *zu Josef Scharf, der völlig haltlos sich an ihn lehnt, tröstend* Faßt Euch, Rabbi Josef; der Ewige sieht den Weg.

Vierter Akt

Erste Szene

Die Treppe vor dem Gerichtsgebäude (wie 3. Akt, 3. Szene). Unter der Justitia hockt die Erscheinung Pfefferkorns, Gold zählend; man sieht die großen Münzen, hört aber keinen Klang. Gegenüber der Treppe ein blühender Kastanienbaum, unter ihm, an den Baum gelehnt, die Erscheinung Elijahus, den Stab von sich gestreckt, zum Himmel blickend. Heller Mond.

PFEFFERKORN *schnuppernd* Hier riecht es gut.

ELIJAHU Der Balsam des Harzes wallt empor, die kleinen Blüten loben den Ewigen, Herrn des Werdens.

PFEFFERKORN Ich rieche keine Blüten; freuen mein Herz Blüten? Hier riecht es gut. Feind, zerreiß dein Kleid! Einen hab ich, Bruder, und ich hole mir die andern.

ELIJAHU Heut ist die Nacht der Behütung. In dieser Nacht schritt der Herr durchs Land Ägypten als Geist des Zorns und Tod der Erstgeburt, aber die Pfosten, die mit Blut gezeichnet, sah er lieblich an: die hinter ihnen saßen, Gegürtete, speisten vom Lamm des Aufbruchs, und ihrem Brot mangelte die Hefe.

PFEFFERKORN In ihren Säcken glänzten die Goldschüsseln Ägyptens.

ELIJAHU Schon damals warst du stark, verhaßter Bruder. In dieser Nacht tauchten Koresch und sein Heer in den Euphrat und drangen ein in Babel, heimzusenden die Gefangenen Israels aus der Verbannung. In dieser Nacht wachen alle Engel über Juda, und ich schweife umher, die Bedrängten zu trösten. Heute aber erheben alle Juden ihre Herzen zum Herrn, sie schlagen ihre Brust und entbrennen nach Maschiach.

PFEFFERKORN *giftig* Was sitzest du also hier? Was wanderst du heute nicht?

ELIJAHU *aufstehend, zur Treppe und die Treppe langsam hin-*

aufsteigend Rühme dich nicht, Abtrünniger, daß du auch nur einen habest von denen, die hier sind! Ich streite mit dir auch um den Knaben.

PFEFFERKORN *hämisch lachend* Nimm ihn mir.

ELIJAHU Die Seelen von ganz Israel steigen heute hoch auf zum Thron, die Schechina hört heute auf zu weinen – wisse, wenn ich die Hand auf seine Schulter lege, wie ich sie nach dir ausstrecke – *zurücktretend* – was verbirgt sich hier? Was dunstet hier frech? Ich sage dir im Namen des Schöpfers: Fahre aus! Fahre aus! *Er schlägt mit dem Stab auf die Justitia, eine Fledermaus flattert pfeifend empor und verschwindet.*

PFEFFERKORN Was ist das?

ELIJAHU Bruder, sieh: dort entweicht dein Sieg.

Zweite Szene

Ein großer Raum mit hochliegenden Fenstern und niederer Decke im Gefängnis. Die angeklagten Juden, in Gebetmäntel gehüllt, Lichter brennen auf einem mit weißem Tuch gedeckten Tisch unfern der Wand. Auf dem Tisch Rollen mit Mazzo, den dünnen runden Brotscheiben des Osterfestes.

RABBINER Meine Brüder, wir wollen in Tränen den Sseder abhalten auch ohne die Bräuche. Wir wollen die Hagada beten, denn jeder von uns weiß sie zu sagen auch ohne Buch. Dieses Jahr Knechte, das nächste frei. Dieses Jahr hier, das nächste in Jeruschalajim.

VORBETER Und es wird uns gut anstehn, meine Brüder, zu sagen: »Knechte waren wir im Land Ägypten« und »Das ist das Brot des Grams.«

DAVID KRAKAUER Ich bin der Jüngste. Ich werde fragen: »Was unterscheidet diese Nacht von allen anderen Nächten?«

Scharf, der mit verhülltem Haupt auf dem Boden sitzt, stöhnt tief auf.

JIZCHOK LEIM Tröstet Euch, Rabbi Josef! Kommt, steht auf. Esset mit uns Mazzo und sitzt nicht wie einer, dem der Vater gestorben ist. Wir sollen das Fest der Freude feiern... *Weint.*

SCHARF *erhebt sein zerstörtes Gesicht* Reb Jizchok, ich sitze Schiwe um meinen Sohn. Mir ist mein Erstgeborener gestorben, Reb Jizchok, und hat mir vorher ins Gesicht geschlagen. Laßt mich fasten und sitzen, meine Herren. Der Ewige wird mir's wohl vergeben. Vielleicht hat er einen Plan mit mir.

RABBINER Wir wollen diese sieben Tage nichts zu uns nehmen als Mazzo und Wasser. So brechen wir das Gebot nur halb. Unter all unseren Sünden wird das die geringste sein. Aber da sie uns heute alle zueinander gelassen haben, damit wir beten können, so erheben wir unsere Stirnen zu Gott, schlagen unsere Brust und schreien zu ihm mit unserer ganzen Seele: Wir haben gesündigt, um unserer Sünden willen kommt uns der Fluch des Verdachts, um unserer großen, dauernden, blutroten Sünde willen.

ALLE *schlagen sich an die Brust* Wir haben gesündigt.

RABBINER Um unsere Lauheit im Dienst, um die Hast unseres Lebens, um die Gier nach Geld, um die Schmach des Verleugnens, um die Härte zu Armen, um das Ausnützen der Waisen, um das Leihen auf Zins, das Langen nach Fremdem – um unser Vergessen an dich Tag und Nacht, Sommer und Winter, weil wir umherzogen und nicht deiner dachten, feilschten und nicht beteten, beteten mit schneller Zunge und allem Wort, ohne das Herz; um unser ganzes ungöttisches Leben, alle unsere Jahre und Wochen – um unserer elenden Schwäche willen geschieht uns das.

ALLE *weinend* Wir haben sehr gesündigt, o gerechter Richter.

JIZCHOK LEIM Ich habe gesündigt. Ich härtete meine Ohren gegen den Schrei eines Menschen in der größten Not.

DAVID KRAKAUER Ich habe gesündigt. Ich folgte nicht dem Trieb meines Herzens, zu helfen.

JACOB SCHENKWIRT Ich habe Zins genommen und war ein harter Eintreiber. Ich habe das Pfand der Witwe über Nacht bei mir behalten.

ZWEI ANDERE Ich auch, ich auch.

JOSEF SCHARF Ich bin gestraft mit dem, was ich verschuldet habe. Du, o Gerechter! Ich habe meinen toten Sohn nicht angehalten zu lernen. Ich habe ihn von den heiligen Büchern fortgenommen zu Handreichungen. Ich habe gewollt, er sollte in große Städte ohne Jüdischkeit gehen, ein Verdiener, ein Lauer, ein Fremder sollte er werden. Du hast es gesehen, o Herr. Du hast mich zerbrochen dafür.

RABBINER Siehe, wir liegen hier vor dir wie Säcke ausgeleert und breiten unser Elend vor dir aus. Nimm es zu dir, sieh es gnädig an. Vergib uns, Herr. Sieh unsere große Reue, sieh die Qual und den Gram, sieh unsere Buße. Wir tauchen unsere Seele in bittre Wasser und brennen sie mit Flammen der Läuterung.

ALLE Vergib uns, Herr, in deinem großen Erbarmen.

RABBINER Laß nicht die Feinde deines Volkes triumphieren, und erhebe die Lüge nicht über unsere Häupter. Wasche die Lehre rein von der Schändung, mit der die Verleumdung sie bespeit. Halte, o Herr, dein Antlitz über Israel! Erhöre uns, o Herr, erhöre uns und hilf uns doch.

ALLE O Ewiger, hilf uns doch!

RABBINER Nicht um unseretwillen zeige deine starke Hand, nicht um unseretwillen! Wenn wir gewürdigt sein sollen zu sterben für die Herrlichkeit deines Namens: nimm uns hin! Nimm uns alle, nimm einige, nimm mich. Gib uns Kraft, daß wir den Tod leiden und die Größe deines Namens offenbar werde.

ALLE Gib uns Kraft und nimm uns.

RABBINER *ekstatisch* Und noch sage ich, daß wir gewürdigt sein mögen, den Maschiach zu sehn, bald, in unseren Tagen. Höre, Israel, der Ewige dein Gott, der Ewige ist einzig. Gelobt sei der Name der Herrlichkeit seines Reiches von Ewigkeit zu Ewigkeit.

ALLE Höre, Israel...

Dritte Szene

Treppe vor dem Gericht (wie im 4. Akt, 1. Szene). Der Staatsanwalt und der Verteidiger Dr. Friedmann treffen sich auf der Treppe zum Gerichtsgebäude.

DR. FRIEDMANN Guten Morgen, Herr Staatsanwalt. Ich darf wohl fragen, ob der Bericht über die Exhumierung der Leiche schon vorliegt?

STAATSANWALT Ich habe ihn vorhin erhalten; Sie können ihn einsehen. Alle Sachverständigen stimmen überein; es ist natürlich die Esther Solymosi.

DR. FRIEDMANN Natürlich. Gott sei Dank. Und die Todesursache?

STAATSANWALT Von Mord kann nicht die Rede sein. Das Mädchen ist ertrunken, soweit der Zustand der Leiche erlaubt zu beurteilen. Ja, ich bin auch froh. Daß ein Messer an den Körper kam, ist ganz ausgeschlossen.

DR. FRIEDMANN Gott sei Dank! Was sagen Sie aber zu dem Jungen?

STAATSANWALT Moritz Scharf? Er lügt. Lügt ganz bestimmt, planvoll, mit vollem Bewußtsein. Eitelkeit und Beeinflussung. Ich beantrage Zwangserziehung für ihn, öffentliche Aufsicht. Ich warte nur den Lokaltermin ab. Ein paar Jahre Zucht und Ordnung...

DR. FRIEDMANN *mit bedenklicher Miene* Bewußte Irreführung? Ich glaube nicht, daß das so einfach liegt... Und die Untersuchungshaft wollen wir ihm doch anrechnen.

STAATSANWALT *nervös mit dem Stock die Gipsfigur beklopfend* Gewiß... das heißt vielleicht... Auch eine der Monstrositäten des Prozesses, dieses Jahr Haft. – Hören Sie?

DR. FRIEDMANN Hohl. Natürlich. Gips ist immer hohl.

STAATSANWALT Ja, Gips... Wenn wir hier fertig sind, nehme ich zwei Monate Urlaub.

DR. FRIEDMANN Zwar haben wir alle Nerven zugesetzt, aber keiner meiner Kollegen verkennt, daß Sie es am schwersten haben, Herr Staatsanwalt. Und wir alle bewundern aufrichtig Ihre Selbstbeherrschung und Ruhe, zum Beispiel gegen den Onody.

STAATSANWALT Sie werden mir glauben, daß sie mir nicht

gerade leichtfiel. Aber ich bin im Amt – sonst... Und vielleicht, daß ich nachher, wenn er nicht mehr Zeuge ist... Man hat doch nicht umsonst die Quartseite voll von Schmissen.

DR. FRIEDMANN Hoffentlich kommen wir wenigstens zu gutem Ende. Wir gäben, ich weiß nicht was, darum.

STAATSANWALT Hören Sie, wenn Ihnen das ernst ist...? Wir leben doch und haben unsere Pflichten nur, damit irgendwo Gerechtigkeit in der Welt geschehe, Sie, Ihre Kollegen, wie Korniss und ich. Und ich denke, wenn wir zu gutem Ende, zu gerechtem Ende kommen, sollten wir ein übriges tun und dem einen Denkstein setzen. Das gipserne Luder hier, das hohle, muß weg. Wie wär's, wenn wir vom Gericht an seine Stelle eine schöne massive Themis setzen ließen, aus Sandstein, oder noch lieber aus Granit?

DR. FRIEDMANN Vorzüglich, ganz vortrefflich. Ich für mich bin dabei, und für meine Kollegen glaube ich stehen zu können. Granit, nicht wahr? Dann kann's regnen und frieren – es müßte schon der Blitz vom Himmel schlagen, um davon einen Trümmer abzubrechen.

STAATSANWALT Ich schreibe nach Budapest. Es gibt da ein paar junge Bildhauer, die uns die Gestalt schön einfach machen werden. Und um die Kosten ist mir nicht bange. Auf Wiedersehen, Doktor. Ich fühle mich ganz erfrischt.

Schütteln sich die Hände und gehen ab, der Staatsanwalt die Treppe hinab, Dr. Friedmann hinauf und ins Haus.

Vierte Szene

Ein Raum im himmlischen Blau. In der Mitte drei Sessel, auf denen sitzend drei der Seligen als Richter; in der Mitte Noah, der Vater der neuen Menschheit, greis, groß und licht, rechts Habel, jung und strahlend, der Sohn Adams, links Jizchak, der Patriarch, als Ankläger.

JIZCHAK O Väter, ihr Richter, sprechet Recht über den Quäler meines Knaben.

NOAH Mein Sohn, du redest für dein Volk; mein Volk aber ist die ganze Schar der wimmelnden Menschheit. Jedes Volk ging aus von meinen Lenden, der ich aus der Arche schritt auf dem Berge Ararat, gefolgt von meinen Söhnen und dem ganzen Getier, rein und unrein; und mir zum Zeichen setzte der Herr seinen Bogen in die Wolken, gewölbt und siebenfarb. Was dünket dich um die Taten von Menschen aneinander, Sohn Adams?

HABEL Was Mensch tut gegen Mensch, das kann vergeben werden und gesühnt.

JIZCHAK Du sagst das, der Erschlagene des Kain?

NOAH Ihm ward gesetzt, Mund zu sein allen Schuldigen, denn ihm geschah in allen Welten der erste Mord.

JIZCHAK Dieser aber, unten in jenem Lande, der ist verhaßt. Er peinigte den Knaben mit Schlägen und Hunger, mit beißendem Wort, Fessel und enger Haft; er hielt ihn ein Jahr lang fern von der blühenden Erde und der Seligkeit der Jahreszeiten; selbst den Schlaf, den die Gnade des Höchsten ausgießt über jedes angstvolle Geschöpf, seinen süßen Trost raubte er ihm mit Schlägen und zerbrach ihm endlich die Seele im Leibe. Darum fordere ich, daß er Semael verfalle und der Pein.

NOAH Tat er's bösen Herzens? Ging er aus auf die Qual des Knaben sich zur Lust?

HABEL Nein, mein Vater. Er handelte wie ein Tor, der die Kröte erschlägt, weil er vermeint, in ihrem Haupte finde er einen Edelstein.

JIZCHAK Was fragst du nach dem Willen des Menschen und seinem Vermögen? Was zählt und wiegt, das ist die Tat.

NOAH Tat er das Böse? Stand er auf gegen den Herrn?

HABEL Er glaubte gerecht zu sein. In seinem Haupte, eng und dumpf, sah er das Bild der Gerechtigkeit verzerrt und dämmrig und strebte ihm zu.

JIZCHAK Sagst du, daß er das Gerechte tat, Sohn Adams?

HABEL Ich sehe, daß er den Willen tat des Herrn, daß er Läuterung brachte über das Volk und schuf, daß es sich auftürmte schreiend zum Herrn und Maschiach heranzog an sich.

NOAH Sohn Abrahams, der du die Tat wagst, was antwortest du?

JIZCHAK Ich schweige. Ich sage: wenn du die Wirkung gutheißest, wie nennst du den Weg?

NOAH Ich nenne den Weg nicht gut. Aber ich wäge die Tat in all ihrem Ertrag, und die Tat, ich nenne sie gut. So verhänge ich ihm: er sei nicht Semaels und nicht hörig dem grausamen Reich.

HABEL Und am Ende der Tage sei ihm verziehen und keine Qual, sondern ein gutes Vergehen.

JIZCHAK Aber bis zu jener Erfüllung sei er verwandelt in einen grauen Stein, dauernd, schmerzlos und dumpf. Es wollen die Menschen, die auf jener Erde Recht sprechen und dienen der Gerechtigkeit, ein Denkmal aufstellen, daß hier Recht geschah. Ich verhänge über ihn, seine Seele sei gebannt an jenen Ort und in dies Bild, sie sei der Stein, aus dem der Metzer es haue, und bleibe dort, bis das Bild vergeht. Legst du deine Hand auf diesen Spruch, Vater der Menschheit, und du, milder Sohn Adams?

NOAH Ich lege sie und siegle sie mit meinem Willen.

HABEL Und mein Mund sei der deine, o Jizchak, treuer Hirte deines gequälten Volkes.

NOAH Die Himmel beschließen, und auf der Erde gilt das Gebot. Denn die Taten der Menschen geben ihr Innen ab an uns, und ihre Schale bleibt dort unten, und was unten gewußt wird, ist die Schale, wir aber, ihr Väter, prüfen den Kern nach dem Willen Gottes.

Fünfte Szene

Tisza Eszlar, vor der Synagoge und in ihr. Die Synagoge selbst ist ein kleiner ärmlicher Raum gewesen; jetzt kommt hinzu, daß alles Zerstörbare zerstört ist. Die Leuchter fehlen, die Fenster sind eingeschlagen, alle Vorhänge herabgerissen; die Bundeslade steht offen und leer, den Boden bedeckt eine Schicht von Papierseiten, die aus den Büchern gerissen sind, und Pergamentfetzen von der zerstörten Thorarolle. Die Tür ist aber verschlossen, und die Zerstörer sind durchs Fenster eingedrungen: eine Leiter lehnt, auch innen, daran. Vor der Synagoge sind versammelt das Gericht (Präsident und Beisitzer), der Staatsanwalt, die Verteidiger mit Josef Scharf und dem Schächter, dem Vorbeter und dem Rabbiner; Bary, von Onody, Istoczy; Moritz Scharf, die Gendarmen Schlosser und Kovacz, Panduren mit einem langen, gut eingewickelten Paket; Zeitungskorrespondenten mit Notizbüchern und steifen runden Hüten.

PRÄSIDENT *zu Josef Scharf* Sie verstehn sich wohl auf das Schloß.

Scharf nimmt den vom Gendarm gebotenen Schlüssel und küßt ihn; dann öffnet er die Synagoge. Als man der Verwüstung ansichtig wird, ruft der

PRÄSIDENT *zornig* Hierfür mache ich Sie verantwortlich, Herr von Onody!

ONODY Ich bin hier bloß Gutsbesitzer, nicht Synagogenbesitzer.

STAATSANWALT Wir haben ja schließlich ein Strafgesetzbuch.

PRÄSIDENT *zum Gendarm* Helfen Sie den Leuten!

Die Juden nämlich, die etwas Derartiges erwartet haben mögen, machen sich sofort daran, die großen und kleinen Fetzen der Thorarolle zu sammeln. Der Gendarm kehrt mit einem Besen die Gebetbuchblätter in den Winkel, Moritz sieht sich neugierig um. Er ist sehr froh gelaunt.

PRÄSIDENT *zu Moritz* Wo haben die Juden die Tat begangen?

MORITZ *deutet auf eine Stelle unterhalb des Altars* Hier hat der Tisch gestanden. Hier hat mein Vater gestanden, hier der Rabbi, hier der Schächter, hier herum die andern.

STAATSANWALT Das ist der Platz? Ich bitte die Angeklagten, sich so zu stellen, wie der Zeuge angibt. Und wo hast du zugesehen?

MORITZ *läuft zur Tür* Hier, durchs Schlüsselloch.

PRÄSIDENT *zum Staatsanwalt* Wollen Sie nicht die Leitung übernehmen? Die Idee stammt doch von Ihnen.

STAATSANWALT Wenn Sie gestatten, Herr Präsident. Moritz?

MORITZ *hell* Ja?

STAATSANWALT Komm einmal her. Du bist heut hier die wichtigste Person.

MORITZ *froh* Ja? Ich will's auch gut machen.

ISTOCZY *zu Bary* Ich möchte nur wissen, wozu die Afferei.

BARY *gleichmütig* Der Staatsanwalt hat übrige Zeit. Ich auch, heute wenigstens...

STAATSANWALT *zu Scharf* Gibt es hier überhaupt einen Tisch?

SCHARF *der sich immer fern von seinem Sohn hält und ihn nicht ansieht* Ja. Es muß einer nebenan stehen.

STAATSANWALT Führen Sie die Leute. *Er winkt zwei Panduren, die mit Scharf in den Nebenraum gehen, in den Raum der Frauen, der von dem der Männer durch eine halbe Mauer und ein dichtes Gitter geschieden ist.* Du, mein Sohn, gehst zur Tür und beobachtest durchs Schlüsselloch, was wir hier tun. Du mußt es uns dann erzählen, damit wir wissen, ob du wirklich so gut sehen kannst, wie du sagst.

MORITZ *eifrig* Ich will schon gut aufpassen. *Will gehen.*

STAATSANWALT War's damals heller in der Synagoge oder dunkler?

Die Panduren, von Scharf begleitet, bringen einen länglichen Tisch.

MORITZ Es haben Lichter gebrannt, aber jetzt ist's viel heller, jetzt scheint ja die Sonne herein.

STAATSANWALT Gut; geh nun; Wachtmeister, Sie sorgen dafür, daß er nur durchs Schlüsselloch sehen kann, nicht durch eins der Fenster; dann verschließen Sie die Tür und werfen mir den Schlüssel durchs Fenster.

Moritz und der Gendarm ab, die Tür wird verschlossen, der Schlüssel wird hereingeworfen.

STAATSANWALT Nun schnell auspacken.

Die Panduren schneiden die Schnur des Paketes durch und reißen das Papier fort; eine menschengroße Puppe kommt zum Vorschein, mit Kopf und Büste aus einem Friseurgeschäft, Armen aus langen Handschuhen, die ausgestopft sind, und einem Körper aus Leinwand, roh hergestellt. Ein anderer Pandur bringt zwölf pappene Schachteln, eine in der anderen steckend, und ein langes Messer. Bei dem Anblick der Puppe bricht Bary in ein lautes Gelächter aus, Onody sekundiert ihm.

ISTOCZY Sagen Sie bloß, wozu soll das?

STAATSANWALT *kalt drohend* Lachen Sie nicht, Referendar Bary! *Zu den Herren, die ihn umstehen* Der Raum zwischen Tür und Tisch muß völlig frei sein, beiseite und hierher, meine Herren. Es handelt sich selbstverständlich darum, zu erproben, wie weit man überhaupt vom Schlüsselloch her überblicken kann, was hier drinnen geschieht. Dazu werden wir jetzt den sogenannten Mord genau in Szene setzen. Hierher den Tisch, Sie sehen, Herr Präsident, der Tisch ist gelb, weder weiß noch rot. Legen Sie die Puppe auf den Tisch. *Zum Schächter, der zu Häupten der Puppe steht* Nehmen Sie jetzt das Messer und zerteilen Sie die Puppe.

DER SCHÄCHTER *nimmt das Messer, zittert aber so, daß er nicht schneiden kann* Bitte um Vergebung, ich kann nicht. Mir zittern so die Hände.

PRÄSIDENT Schließlich ist's gleichgültig, wer. Hat jemand Lust von den Herren? Sie sind sicher der geübteste im Tranchieren, Herr von Istoczy. *Bietet ihm spöttisch das Messer an.*

ISTOCZY Wenn's Ihnen Spaß macht! Mir macht's Spaß. Wie ich Ihnen ja stets endlos gerne gefällig bin... Wo soll ich anfangen?

PRÄSIDENT Ich werde die Schüsseln selbst unterhalten. Vorwärts; Kopf abbrechen; er ist schon durchgesägt und nur lose angeklebt.

Istoczy tut es; Sägespäne quellen heraus, die der Präsident in den pappenen Schüsseln auffängt.

PRÄSIDENT Weiter; zerschneiden Sie jetzt die Arme; die Beine teilen wir in Unter- und Oberschenkel; den Rumpf schnell einmal quer durch, damit das »Blut« herauskommt, die Zahl der Teile braucht ja nicht zu stimmen. *Die Schüs-*

seln reicht er dem Verteidiger Dr. Eötvös, der sie auf die Stufen des Almemor stellt.

STAATSANWALT Fertig, meine Herren, ich bitte nun, möglichst alle zur Tür zu kommen, damit unser Zeuge nichts bemerkt, was ihm etwa entgangen ist. *An der Tür, von innen* Wachtmeister, führen Sie den Zeugen ein wenig zurück, holen Sie sich den Schlüssel – ich werfe ihn aus dem Fenster – und öffnen Sie.

GENDARM *indem er den Knaben, der unter Zeichen von Ungeduld die ganze Zeit am Schlüsselloch gestanden hat, rückwärts führt* Befehl, Herr Staatsanwalt. Komm, Junge!

Er holt den Schlüssel, schließt auf und schlägt die Flügel der Tür zurück. Alle Anwesenden drängen hinaus; Kopf und Büste der Puppe sowie die Leinwand liegen auf dem Tisch.

ISTOCZY Ich hätte es nicht tun dürfen; der Eindruck wird nicht gut sein.

ONODY *trotzig* Mein Gott – wer ein gutes Gewissen hat... und da er Sie reizte...

Die Angeklagten gehen zuletzt hinaus; auf der Schwelle sagt der

RABBINER Ich gelobe die Pilgerfahrt nach Jeruschalajim, wenn der Herr die Lüge enthüllt.

SCHARF Ich komm mit, Rabbi.

STAATSANWALT *nachdem er die Tür zugeklinkt und selbst lange durch das Schlüsselloch geblickt hat, zu Moritz* Nun, hat es lange gedauert? Was hast du gesehn? Erzähle.

MORITZ *lachend* Ja, es war schon etwas lange. Gesehn hab ich noch nichts.

Allgemeine Bewegung.

STAATSANWALT Noch einmal, was hast du gesehn?

MORITZ *schüchtern vor dem harten Ton* Nur etwas Dunkles, Herr Staatsanwalt.

PRÄSIDENT Das ist doch unmöglich!

STAATSANWALT Meine Herren, der Prozeß ist zu Ende. Ich

beantrage morgen die Freisprechung sämtlicher Angeklagten. *Die Angeklagten umarmen einander aufschluchzend.* Diesmal hat der Lügner nicht gelogen: überzeugen Sie sich alle, man sieht von hier aus wirklich nichts von dem, was in der Synagoge vorgeht.

RABBINER Gelobt sei der gerechte Richter!

PRÄSIDENT *nachdem er hindurchgesehen hat* Ich gratuliere Ihnen, Herr Staatsanwalt.

ISTOCZY *durchsehend, verächtlich* Sie haben gut gearbeitet, Referendar Bary!

MORITZ *verwirrt* Was ist denn? Was ist denn?

BARY *nachdem er durchgesehen hat, wütend* Belogen hast du mich, du Schwein!

MORITZ *beschwörend* Ich hab nicht gelogen, ich hab nicht gelogen! Ich hab immer die Wahrheit gesagt!

STAATSANWALT *verächtlich* Sie werden still sein, Referendar, bis man Sie fragt. Ich werde sehn, was sich gegen Sie tun läßt. Auf alle Fälle sind Sie fertig.

Rechtsanwälte und Reporter drängen sich um das Schlüsselloch.

SCHARF *zum Präsidenten* Darf ich... meiner Frau... *Präsident nickt; ab ins Haus, rufend* Rahel! Rahel!

ONODY *nachdem er hindurchgesehen hat* Gelogen oder nicht gelogen; die Juden haben auf alle Fälle gemordet. *Zu Istoczy* Gehen wir frühstücken. *Zu Bary nachlässig* Sie können ja mitkommen, Referendar.

MORITZ *der ganz allein steht, angstvoll* Ich hab nie gelogen... Ich hab stets die Wahrheit... immer die Wahrheit...

Er bricht in krampfhaftes Weinen aus.

Fünfter Akt

Erste Szene

Die Synagoge wie in der vorigen Szene, ganz licht vom Mond; auf dem Tisch das Messer und der Puppenkopf. Der Prophet Elijahu sitzt vor der Bundeslade, als bewache er die Fetzen der Thora, die die Juden vorhin dort hineingelegt haben. Auf der Schwelle sitzt Jacob Pfefferkorn. Moritz klinkt die Tür auf, tritt ein.

MORITZ *von Elijahu stets angesehen* Hier kannst du schlafen. Sie wollen nichts mehr sehn von mir, nicht Bary, nicht Onody. Der Staatsanwalt sperrt mich ein. Hab ich gelogen? Weiß nicht. Ich habe die Wahrheit gesagt! *Vorwärtsgehend* Ich bin so müde... ein Kopf! Der Kopf von der Esther! Nicht gelogen...! Ich fürchte mich. Soll ich ihn anfassen? Das ist Wachs! Das ist hohl! Vielleicht... doch gelogen? Dann komm ich ins Gefängnis. Ich will nicht wieder ins Gefängnis, dort wird man geschlagen und muß... Warum wird man geschlagen – *er stockt lange* – und muß lügen? Ich habe gelogen, immer gelogen! Gott im Himmel behüte mich! Sie haben mich geschlagen, ich habe gehungert, gedurstet und nicht geschlafen. Dann ging's mir gut, dann hab ich gelogen, und dann ging's mir wieder gut... und alles vergessen. Er hat mir meine Kraft zerrissen, da ist das so in mich geglitten. Ich hab auch meinen Vater verklagt und freche Worte auf ihn geworfen; aber das geht in einem ab. Wo soll ich nur hin! Zu den Juden kann ich nicht mehr, zu den Christen mag ich nicht mehr, nach Hause kann ich nicht mehr, leben kann ich nicht mehr. Nein, leben will ich nicht mehr. Ich hab das Böse nicht gewollt, und mir ist doch alles zum Bösen geraten; wer weiß, was noch aus mir wird, ein Mörder vielleicht. Nein, nein. Da ist ein Messer. Nein, nein, ich bin müde, ich möchte schlafen, bis Maschiach kommt. Bin ich noch ein Jud? Vielleicht bin ich noch ein Jud. Da darf ich nicht in dem Anzug sterben.

Vielleicht ist's auch gleich; aber es sind ja Jomkippur Totenkittel genug in den Pulten gewesen, vielleicht ist einer dageblieben.

Er sucht umher. Elijahu nimmt den seidenen Gebetmantel ab, den er selbst trägt, und legt ihn in das Pult des Rabbiners. Moritz sucht unterdes und singt halblaut ein Volkslied auf eine traurige Melodie, während Elijahu wieder unbeweglich auf seinem Platze an der Bundeslade sitzt. Moritz singt

Oh, Rabbenu, was wird sein, wenn Maschiach wird kommen?
Ein großes Fest, ein großes Fest, ein großes Festmahl wird man machen!
Oh, Maschiach wird kommen! Oh, Maschiach wird kommen.
Oh, Rabbenu, was wird man trinken auf dem Fest?
– Niemand hat mehr einen Kittel hier; kein Gebetmantel da; alles haben die Bauern gestohlen. *Weitersuchend*
Alten Wein, alten Wein, alten Wein wird man trinken!
Ein großes Fest, ein großes Fest, ein großes Festmahl wird man machen!
Oh, Maschiach wird kommen? Oh, Maschiach wird kommen.
Möcht er nur bald kommen. – Vielleicht in dem Rebben sein Pult? Hm, was für ein Tallis! Seide! Und riecht so gut! *Drückt sein Gesicht hinein.* Nicht blutig machen. Ich muß auch einen Zettel schreiben, daß mich niemand totgeschlagen hat. Ich hab es selber getan. *Schreibend*
Oh, Rabbenu, wer wird uns spielen auf dem Fest?
David der König, David der König, David der König wird uns spielen.
Moscheh Rabbenu wird uns lehren.

Legt den Zettel auf den Tisch.

Schelomoh der König wird uns teilen.

Nimmt den Gebetmantel um.

Schorabor und Levjatan wird man essen.

Setzt sich auf die Treppe.

Alten Wein wird man trinken.

Elijahu steht auf und nähert sich ihm.

Großes Festmahl wird man machen.

Moritz setzt das Messer auf sein Herz.

Oh, Maschiach wird kommen! Oh, Maschiach wird kommen.

Den letzten Vers singt er mit Inbrunst, wie ein Gebet; dann während Elijahu ihm zu Häupten steht, ersticht er sich. Rückwärts fallend sieht er Elijahu; er ruft sterbend Wer bist…!

Pfefferkorn verschwindet. Elijahu beugt sich über ihn und küßt ihn.

Zweite Szene

Im Walde; ein Frühstück. Auf dem Moos ein Tischtuch, Weinflaschen und Reste von Speisen, fortgeschrittene Stimmung. Istoczy, Onody ohne Röcke; der erste sitzt, den Rücken an eine große Eiche gelehnt, rauchend, und fixiert den sehr trunkenen Bary, dessen Gehrock Weinspuren reichlich aufweist. Über ihnen, auf dem waagerecht hingestreckten Hauptast der Eiche, kauert der hundsköpfige Teufel, seine Blicke nicht von Bary lassend. Alle drei schwarz gekleidet, im grünbesonnten Walde.

ONODY *sich rekelnd* Schön ist das verfluchte Leben! Prosit, Mensch! Meine Frau vermißt mich nicht Hat wieder einmal ihren Doktor da aus der Stadt. Pfui Deiwel, freuen Sie sich, Bary, sind Junggeselle. Aber hoch den Kopf.

BARY *vor sich hin starrend* Ich kann mich erschießen ... kann ich mich.

ISTOCZY Wir haben Fehler gemacht. Mit Dummheit ist auf die Dauer nicht zu paktieren.

BARY Mein Name stand in allen Zeitungen Europas. Glänzende Karriere sicher. *Aufweinend* Jetzt bin ich ausgewundenes Schnupftuch.

ONODY Ist ja alles halb so tragisch. Verschwinden für ein paar Monate. Lade Sie ein, können meinetwegen hier ...

Istoczy winkt scharf ab.

BARY Ausgewundenes Schnupftuch.

ISTOCZY Ich sehe keinen Ausweg. Überlegen wir! Man wird Sie der Presse opfern. Ein Verfahren wegen Zeugniszwangs ist Ihnen sicher, außer der Kassation. Sie sind fertig, mein Lieber.

BARY Fertig. Jawohl. Meine armen Eltern. Ich kann mich ...

ISTOCZY Erschießen – sagten Sie vorhin.

ONODY Ist Unsinn. Die Partei ...

ISTOCZY *scharf* Rechnen Sie nicht auf die Partei. Sie haben ihr eine schwere Blessur geschlagen. Sie muß sich reserviert halten, vielleicht auf lange.

BARY Ich war der Held des Tages. Name in allen Zeitungen Europas. *Steht schwankend auf.*

ISTOCZY Sie haben keinen Erfolg gehabt. In Ihrer Lage, mein Lieber, mußte man Erfolg haben, um jeden Preis. Sonst gab es keinen Ausweg. Es gibt keinen.

BARY Ganz klar: gibt keinen.

ISTOCZY Doch Sie nannten ihn – vorhin. Sie haben zu gewärtigen, daß alle anständigen Männer Ungarns sich empört von Ihnen abwenden: da Sie keinen Erfolg hatten. Wohin Sie immer kommen mögen.

ONODY Ist ja alles halb so schlimm. Mein Gott, wie schön ist das verfluchte Leben. Ein Wald, eine Zigarre, ein Glas Wein ... Prost, Bary! Auf nach Amerika!

ISTOCZY *scharf, halblaut* Arbeite nicht gegen mich! *Zu Bary* Die amerikanische Presse bringt in diesem Augenblick Spalten voll Hohn und Beschimpfung für Sie. Den Pressejuden entkommt man nicht. *Pause.* Ihr Fall liegt hoffnungslos.

Pause. Bary wirft sich ins Gras und verbirgt sein Gesicht.

ONODY *gemütlich* Wohin zielst du eigentlich? Der arme Kerl ... er dauert mich.

ISTOCZY Du bist kein Politiker.

ONODY Stimmt. Gutsbesitzer.

ISTOCZY Hören Sie mich, Bary. Setzen Sie sich einmal auf und trinken Sie einen gutgewachsenen Schluck. Prosit! *Bary gehorcht automatisch.* Nun wollen wir als Männer und Edelleute miteinander reden. Tout est perdu hors l'honneur, sagte Franz von Frankreich. Und bei Ihnen ist auch l'honneur perdu. Aber sie ließe sich retten. Solange Sie leben, kann man für Sie nichts tun; das ist klar. Und ebensowenig für Ihre Eltern.

BARY Meine armen Eltern. Ich war ihr Glück und ihre Hoffnung ... ihre Versorgung ...

ISTOCZY *schnell* Gerade diese könnte ich verbürgen. Gesetzt, Sie fielen im Dienste der Partei, so wäre unbedingt Ehrenpflicht, was uns unmöglich gemacht ist, solange Sie ...

BARY leben. Ich bringe mich um. *Trinkt ein Glas aus.*

ISTOCZY Dies Wort bleibt stehn. Sie sind ein Kavalier, Bary. Sie haben meine Achtung, Mann. Fehler können begangen werden, wir sind Menschen. Auf großartige Weise solchen Fehler wiedergutmachen, beweist den Edelmann. Hier meine Hand! *Ergreift Barys Hand.* Sie gehen dahin wie ein junger Achill.

BARY Ich gehe dahin ... junger Achill. Ich werde Nachruhm haben. Ha!

ISTOCZY Ewigen! Junger Held!

ONODY Seid ihr verrückt? Er ist vollgesoffen! Was tust du, Istoczy!

BARY Pistole her! Revolver her!

ISTOCZY Ich rette die Lage. Dort in meinem Rock! In der linken Tasche! *Bary macht sich an seinem Rock zu schaffen; der Hundsteufel begleitet jede seiner Bewegungen mit aufmerksamer Drehung des Kopfes.* In der linken!

BARY Hier! *Hält den Revolver hoch* Junger Achill! *Nach links ab.*

ONODY Ich verbiete! Ich erlaube nicht...

ISTOCZY Still! *Schreit* Durch die Stirn!

Ein Schuß fällt, der Teufel verschwindet.

ONODY *aufgesprungen* Du hast ihn... Mensch, was hast du getan! *Hinter der Szene rufend* Sandor! Bela! Aufs Schloß! Den Doktor hierher!

ISTOCZY *an allen Gliedern zitternd* Die Lage gerettet. Er mußte hinunter. Er hätte sein Lebtag die Partei kompromittiert. *Wischt sich den Schweiß von der Stirn.* Ich bebe an allen Gliedern. *Eilt nach links, zurückkommend* Tot auf der Stelle. Muß die Mündung ins Fleisch gepreßt haben. Du bist hier Gerichtsherr. Du stellst ein Papier aus.

ONODY Am hellen Tage! Mitten in meinem Wald!

ISTOCZY Faß dich, Mann! Wir erwarten den Arzt! Die Lage des Körpers macht den Selbstmord unzweideutig. Sein Leben war nichts mehr wert, auch für ihn. Mein Gewissen ist ruhig, wenn meine Nerven gleich versagten. Ich habe mir nichts vorzuwerfen. Die Logik der Geschichte handelte durch mich.

ONODY Grauenhaft. Grauenhaft. *Dem Arzt entgegen, der soeben mit zwei Dienern auftritt* Hierher, dorthin. Grauenhaft, Doktor.

Ab mit dem Arzt; kommen sehr schnell wieder. Die Diener tragen den Körper über die Szene.

ARZT Sofortiger Tod; Hand an sich gelegt; kein Zweifel. Wie war das möglich?

ISTOCZY Wir hatten ihm gut zugeredet, er schien sich zu fassen. Eine Minute ließen wir ihn außer acht. Er wußte, daß ich stets eine Waffe im Rock habe. Sein Unglück nahm ihm die Sinne. Dieser hoffnungsvolle Mensch. *Geht kopfschüttelnd ab.*

ONODY Wir hatten alle getrunken, Doktor. Scheußlich. Weg mit dem Bild! *Schenkt dem Arzt und sich ein.* Ihr Wohl!

ARZT Das Ihre. Übrigens im Vertrauen: man sagt, Sie seien liiert mit der sogenannten gelben Aïdée?

ONODY *lachend* Stimmt! Feines Weib, pikfeines Frauenzimmer, Doktor. Wenn sie nicht stets aus dem Halse stänke – ich komme nie ohne Schokolade zu ihr...

ARZT Ja, das ist's. Sie sollten sich in acht nehmen. Sie sollten das Mädel laufen lassen.

ONODY Ist sie etwa krank? Quecksilber nötig?

ARZT Das nicht. Ich kann sie nicht in die Baracke legen, das Gesetz hat da ein Loch. Sie ist magenkrank, Baron. Sie hat ein Magenkarzinom; die Leute nennen das, sie hat im Magen den Krebs... *Onody läßt das Glas fallen, fährt mit dem Tuch übers Gesicht, ist plötzlich schneeweiß.* Ja, man kann nicht viel dagegen tun, wenn sich das erst einfrißt. Kommen Sie doch nächstens mal zu mir; wir besprechen das dann... als Männer, Baron. *Onody muß sich setzen, seine Zähne schlagen aufeinander.* Die Operation an sich ist anfangs nicht sehr gefährlich. Also morgen, nicht wahr?

Die Männer tragen den Körper fort; Onody bleibt auf dem Baumstumpf sitzen und stiert, sein Haar zerraufend, vor sich hin. Zwischen den Stämmen erscheint Frau Solymosi, Holz sammelnd und geführt von einem kleinen Mädchen.

FRAU SOLYMOSI Nicht so eilen, Esterka.

ONODY *entsetzt aufspringend* Wer? Wer ist...? Was wollen Sie?

FRAU SOLYMOSI Ist da ein Mann? Ja, ja, die Jäger, das sind Herren, frank und frei in der Welt.

ONODY *heiser* Sie? Sie sind doch die Mutter von der... Was haben Sie denn, Frau?

FRAU SOLYMOSI Die Stimme kenn ich. Aber ich weiß doch nicht, wer es ist. Ich bin die Mutter von dem Mädel, das die Juden geschlachtet haben. Die Herren vom Gericht sagen, sie ist in die Theiß gefallen. Das mag nun sein, wie es ist, so sieht doch der Herrgott die Mörder und wird sie treffen. Da ist mir nicht bange, Jesus Christus richtet alles.

ONODY Was haben Sie denn? Mit den Augen, mein ich. Sie waren doch ganz gesund!

FRAU SOLYMOSI Ach, jetzt kenn ich die Stimme. Unser gnädiger Herr ist's. Ja, gnädiger Herr, ich bin jetzt ganz blind. Ich muß doch soviel weinen, und wenn auch der Doktor sagt, ich hab mir Dreck in die Augen gewischt, so weiß ich doch, Tränen schmecken salzig und beißen am Augenlicht. Und jetzt sammel ich Holz, mit gütiger Erlaubnis, denn man muß doch kochen und essen, solange man lebt.

ONODY ... Was ist das für ein Kind?

FRAU SOLYMOSI Ich hab es angenommen, weil es Augen hat. Ich nenn es Esterka, denn an den Namen bin ich gewöhnt; und dann ist's so wie im Traum. Denn im Traum kommt meine große Esterka, die die Juden geschlachtet haben, und ist da, und ich ruf sie beim Namen: Esterka; gut. Und weil ich doch nicht sehe, daß das Kind klein ist, denk ich, sie ist auch jetzt da und führt mich und steht da vor Ihnen, gnädiger Herr.

ONODY *schüttelt sich* Um Gottes willen! – Ich meine, das ist doch schrecklich.

FRAU SOLYMOSI *sanft* Nein, gnädiger Herr, das ist gar nicht schrecklich. Denn manches Leiden kommt vom Teufel, Gliederreißen und Geschwulst, aber blind machen kann der Teufel nicht, so stark ist er nicht, das kommt von Gott. Das braucht mir gar kein Pfarrer zu sagen: womit einer sündigt, damit wird er gestraft. Hätt ich meine Tochter nicht aus den Augen gelassen, hätt sie der Jude nicht gepackt. Das hat die Heilige Jungfrau mir beschert, damit ich selig werde, wenn ich sterbe.

ONODY Mein Jesus, das ist's, mein Jesus ...

FRAU SOLYMOSI Besser hienieden geplackt als in der Hölle gezwackt. Das Leiden ist immer gut zu was; Gott winkt mit gnädigem Finger, und ich versteh ihn. *Schlägt sich leicht auf den Mund.* Verzeihen der gnädige Herr mein Schwatzen; was braucht so ein Herr mein Reden! Und das Holz liest sich auch nicht allein auf.

ONODY Geht nur heim, Ihr braucht nicht zu sammeln. Ich schicke Euch jeden Mittag eine Jungmagd mit Essen, und alles, was Euch fehlt, wird Euch mein Verwalter geben. *Sie breitet starr die Arme aus; Onody aufspringend* Nicht danken! Nur nicht danken! *Läuft fort.*

FRAU SOLYMOSI *noch ganz ohne Fassung* Gnädiger Herr, ach, gnädiger Herr ...

Dämmerige Ebene. Semael; erst kommt der katzenköpfige, dann der hundsköpfige Teufel herbeigelaufen.

ERSTER TEUFEL Entgangen, Herr, er ist mir entgangen! Ich bin ohne Schuld! Der Alte nahm ihn mir, der Wanderer, meine Beute!

ZWEITER TEUFEL *atemlos* Fluch und Finsternis! Ich wollte meinen packen, wie er fiel mit dem Loch in der Stirn; schon springt ein Bote herzu mit dem brennenden Schwert und haut nach mir, fliegt mit ihm irgendwohin!

SEMAEL *aufschreiend* Ah, ah! Das ist Er! Das bist du! Deine Hand abscheulich über meinem Raube! O daß ich dich herabreißen könnte und dich treten ins Antlitz! Herauf, herauf, ihr Unteren; er überhäuft das Maß! Ich weiche dir nicht! Gib sie heraus, die du mir stiehlst, du Dieb der Allmacht! Zerschlage mich doch, ich weiche dir nicht, ich fluche dir! Herauf, ihr Dämonen der unteren Gründe, Lilith herauf! Herauf, ihr Vernichter des vierten Kreises, herauf, ihr Flammen der fünften Hölle, Thomiel, herauf! *Es wird dunkel, aus der Erde brechen niedrige Flammen, Donner rollt im Boden.* Ergießt euch über die Erde, Goiels Dünste, vergiftet die Himmel! Igrath und Machlath, reißt an den Festen der Himmel und brecht die Schlösser! Zu löschen die Feuer der Sterne, Sturmgeister der Lüfte, werft euch empor, Sariel, Sariel! *Sturmwind pfeift.* Raserei und Vernichtung und Ende, letzter Tag! Rühr auf die Meere und schäume, Naama! Ich rufe dich und befehle dir, Aschmodai, ich schreie nach dir, Samdon, und will deine Kraft; krachend schmeißt auf die Schale der Erde, die platzende, den gefrorenen Mond! Aza, Aza, ermanne dich, halt ein im Fallen, Einäugiger, fasse den Erdball! Herr der Lüste, Azael, die Ketten brich, tritt in die Weichen der Berge, auf daß sie schreien! Der du verrietst den wahrhaftigen Namen, Semhazai, steig herab zu uns! Ich beschwöre dich, Mutter Kelippa, höre den Sohn; Urböses, rühre dich und rase empor! *Geschrei und Gewinsel erfüllt die immer schwärzere Luft.* Brecht auf, ihr Schlünde der Wut und des Hasses: nieder mit ihm! Ende mit ihm!

WINSELNDE STIMMEN Wir können nicht!
WILDE STIMMEN Nicht die Zeit!
SEMAEL *wild* Ich will's! Ich will's! Es sei die Zeit!
DIE STIMMEN Seine Hand über uns!
SEMAEL *schreiend* Beißt in die Hand! Zerreißt die Hand! Ende, Ende mit seinem Reich! Ich fluche ihm bei seinem Namen; verflucht sei der Schöpfer, verflucht der Lenker, verflucht der Erhalter, Jahwe Fluch!

Von oben bricht mit einem jauchzenden Singen das göttliche Licht herein; sogleich ist die Szene leer, Semael liegt flach ausgestreckt, und es spricht

DIE STIMME ELOHIMS Tobe wider mich, Semael, der du abfielst vom Sinn! Das Rad der Zeiten, wie ich gebot, das Rad des Maschiach hast du gedreht. Im Menschen ist Öffnung für meine Boten wie für deine, und die Boten des Herrn sind stärker als des Knechtes Boten, denn des Menschen Seele strebt empor.

Das Licht erlischt; Dämmerung wie vorher.

SEMAEL *hebt den Kopf* Weh mir, daß es einen Herrn gibt! Die Ewigkeit ist nicht lang genug, zu trauern darum.

Vierte Szene

Synagoge, noch kahl, aber nicht mehr zerstört. Die Angeklagten, Frau Scharf; Männer und Frauen; Gendarm Schlosser. Vor der Tür der Synagoge stehen Soldaten mit blankem Bajonett Wache.

GENDARM *an der Altartreppe* Hier lag er. Hier habe ich ihn gefunden.
FRAU SCHARF *weinend* Laß mich weinen! Laß mich weinen! Ich hab ihn getragen, nicht du! Ich hab ihn geboren, nicht du! Was weiß ein Mann von Kindern! *Sie wirft sich über die Treppe.* Mein Söhnchen, mein Kindchen!
GENDARM Der Zettel hier hat auf dem Tisch gelegen.

JUDE Reb Josef, Euer Sohn ist als guter Jud gestorben. Dem Rebben sein Tallis hat er umgehabt, und sein Gesicht hat gelächelt.

WEIB Schön hat er ausgesehen, Euer Moritz.

SCHARF *lesend* »Niemand hat mich erschlagen, ich habe mich selber erschlagen. Ich habe geglaubt, ich sage die Wahrheit. Der Ewige, gelobt sei er, wird mich richten.« Rabbenu, was meint Ihr, hat das ein Judensohn geschrieben?

RABBINER Wir wollen ihn begraben gehn und die Totengebete sagen.

SCHARF *tief aufschluchzend* Ich dank Euch, Rabbenu. Er war mein Erstgeborener – *weinend* Rabbenu...

RABBINER Denn über uns allen ist die Hand des Herrn. Ich will noch hier weilen, bis dies Haus Gottes wieder geweiht ist und heilig. Dann aber gehe ich aus dem Lande des Fremden heim in unser Land. Kommt zum Hof der Toten, meine Brüder, und baut seinem Leibe das letzte Haus; das Gericht der Seele ist nicht unser. Es sei gnädig, denn man hat ihn sehr gepeinigt für uns alle.

Fünfte Szene

Raum des göttlichen Lichts (wie 1. Akt, 1. Szene). Moritz mit geschlossenen Augen, in den Mantel Elijahus gehüllt, steht zwischen Rabbi Akiba, dem greisen Meister, und Rabbi Israel Baalschem, der jünger ist, um gerichtet zu werden.

AKIBA Die Welt ist gegründet auf Gerechtigkeit, darum ist sein Teil an dieser Welt dahin. Er hat seine Brüder verleumdet, seinen Vater ins Gesicht geschlagen und die Lüge über Israel gebracht.

BAALSCHEM Bruder, die Welt ist gegründet auf Gerechtigkeit. Aber einmal an jedem ist nötig, Liebe zu erweisen, und mehr als einmal.

AKIBA Die Hand der Liebe gleitet ab an der Sünde.

BAALSCHEM Aber das Leid des Körpers ist stärker als der Mensch. Er war ein Knabe, Bruder, und hat das Leid des Mannes ertragen. David der König wandelt unter uns als ein Bruder, und doch sündigte er in Gier und Zorn; dieser aber in Qual und fern vom Wissen.

AKIBA Ihm war gegeben, den Namen des Höchsten zu heiligen; aber er fiel ab. Ihm war gesetzt, die Krone des Bekenners zu tragen, aber er verspielte den Reif. Kinder haben den Herrn geheiligt, zu Epiphanes' Zeit.

BAALSCHEM O Vater, er ist geboren fern von unserer Erde, erwachsen in der Verbannung, genährt mit Unterdrückung und getränkt mit fremden Wassern! Du kennst nicht das Leben in diesen Ländern und wie es die Seele schwächt; ich aber kenne es und richte nicht.

Elijahu taucht zwischen ihnen auf, der Knabe hebt die Arme ihm entgegen, ohne die Augen zu öffnen.

ELIJAHU Ich bringe das Wort des Höchsten: Es richte ihn Israel ben Elieser, der Baalschem.

AKIBA Gegrüßt seist du, Bote seines Antlitzes.

BAALSCHEM So spreche ich dir zu, du werdest wiedergeboren im Lande der Väter, in Freiheit, Wissen und Freude. Dort lebe nahe der heiligen Erde, ein Bauer, und erweise dich. Denn der Mensch muß seine Weile haben und muß ein Tor sein für allerlei Leben. Dies aber, was du in jenem kurzen Leben getan, sei dir nicht zur Sünde gerechnet, sondern zum Verdienst. Denn durch dich sind die Seelen entbrannt, die Herzen erschüttert worden und die Funken gehoben. Du warst, als du verrietest, ein Gefäß des Maschiach, ein Bote der Glorie und ein Wagen Gottes. *Er legt ihm segnend die Hände aufs Haupt, der Knabe versinkt.*

DIE UMKEHR

Schauspiel
in fünf Akten

Geschrieben 1914

Personen

Der Fürstbischof Johannes von Brixen, *einst – und später wieder* – Jochanan ben Meïr von Wilna
Der Kardinal von Flandern
Andreas, *ein Novize*
Peter, *Kammerdiener*
Jacob von Branzoll, *Hauptmann*
Der Baalschem, Rabbi Israel ben Elieser von Miedzyborz
Rabbi Simon, Rabbi Jacob Josef, Rabbi David Pirkes, *seine Jünger*
Juden und Jüdinnen, zwei Köche, Diener, Städter und Landleute, Gäste, Bewaffnete

Ort: Stube des Baalschem (Podolien), Palast des Bischofs (Brixen, Südtirol)

Zeit: Mitte des achtzehnten Jahrhunderts

Vorspiel

Licht der Traumwelt, unwirkliche, überhelle Bestimmtheit. Rechts vorn der Baalschem schlafend, halb sitzend; in der Mitte der Bühne, wie selbstleuchtend im tiefen Schwarz des Schlafes, die Ahnen des Bischofs Johannes und der Bischof selbst als stumme Erscheinungen (Pantomime).
Die erste Erscheinung: greiser Jude in glühender Pfanne, Eisbeutel auf Herz und Stirn, über langsamem Feuer. An einem Pfahl ein Schild mit der Aufschrift »Quemadro« und ein gelbes Ketzerkleid (Sanbenito) mit Kreuzen und roten Flammen.

DER BAALSCHEM *streckt die Hände abwehrend aus* Nein! Wer seid Ihr, schauerlich brechend in meinen Schlaf? Ach, wollet nichts von einem armen Juden, ich bitt Euch! Was alles sollen Menschen tun? Ich bin ein schwacher, bäurischer Jude – warum zu mir? Immer zu Israel ben Elieser; ist keiner sonst da unter all den Gemeinden Polens? Nur die Leute nennen mich den Baalschem, sie, nicht ich – glaubt ihnen nicht, ich beschwöre Euch! Mein Herz weiß ja nichts, wenn nicht durch ihn – und manchmal bedarf er meiner, wie wir einen Nagel gebrauchen aus billigem Eisen. *Flüsternd* Ich habe keine Angst vor ihm, das ist mein einziges Geheimnis; ich bin aufgehoben in ihm wie der Vogel im Nest, wie das Kind im Blut der Mutter, und dann tue ich ihn einfach, zur Erlösung der Welt, zum Abwälzen der Last von des Menschen Herz ... Ist Euer eignes Verdienst nicht ein Turm Abimelechs gegen mein armes Häuflein? *Die Erscheinung erglüht heller.* Ihr habt den hohen Namen geheiligt, zeugtet mit Blut; hattet Eure Jüdischkeit verstellen müssen unter lauter Kreuzen, und als sie Euch aufspürten, schwort Ihr nicht ab, trotz dieses schleichenden, brennenden Grauens – was soll da ich? *Die Erscheinung hebt ihr Haupt und spricht lautlos.* Armer alter Jude! Euer Nachfahr? Euer Enkelsenkel? Nun die Scherben von Euern Augen fielen und Ihr die Welt mit den seinen seht – oh, das muß ja jeden austreiben aus der Ruhe jener Welt! Er hat den Weg wiederaufgenommen, den Ihr schon einmal, und nur zum Scheine, begingt? Ward Christenbischof und wütet wider sein jüdisches Blut, Judenblut fließen machend zur Osterzeit, der schauerliche Mensch? Und was soll da ich? Ihr kommt des Nachts zu ihm, ich aber soll in seinen Tag greifen und ihn schütteln, den Abtrünnigen, Euer Kindeskind?

Die Erscheinung verschwindet; es erscheint ein Jude mittleren Alters, altertümlich gekleidet, mit Tefillin und dem Tallith, das Haupt zurückgeworfen in wildem Gebet, hebt seine Arme flehend zum Baalschem und verschwindet. Ein anderer, reich gekleidet, der Armen aus seinem Beutel gibt – er wie der vorige mit dem gelben Judenzeichen –, tut wie er und verschwindet. Ein junger Jude im Kaftan, den ein riesiger Kosak mit blutigem Säbel erschlägt, ebenso und verschwindet. Ein jüdischer Mann, der einen Packen trägt, in greller Sonne, und mit entzücktem, einfältigem Lachen einen Schmetterling auf seiner Hand betrachtet, fällt vor dem Baalschem nieder und verschwindet.

Ihr alle? Macht euch nicht lustig über mich, sagt nicht, daß ihr meiner bedürft! Du, der betend hinströmte zu ihm und kaum noch den Rückweg fand, und du, Burg der Armen, die des Herrn Kundschafter sind, und du, der auf dem großen Brandaltar Edoms früh geschlachtet ward in kindlicher Treue, und du, der unversehrten Herzens das Elendsbrot der Galuth aß – was bin denn da ich? Ach, was ich irgend vermöchte – mein Wille wäre schon geschwungen wie ein Beil, in beiden Schneiden voll von Schlag!

Im Hintergrund Erscheinung: der Bischof in vollem Ornat, Messe zelebrierend.

Den da? Nein. Verzeiht – wer sich so als Abgott gefällt, den läßt man besser dabei. Wie ein Götze aus Kreuzen und Edelsteinen – und soviel Hunger unter den Menschen. Den laßt doch gehen – laßt fallen, laßt fallen!

Es erscheint übermenschlich groß das Gesicht des Bischofs, jüdisch zerquält, schmerzvoll.

Oh! Blickt er so? Dieser ist's? Im Auge welche Qual – und was für eine starke Seele! Er ist ja fast schön, der Mörder! Ich will's versuchen; eure Hand sein, Brüder. Was bin ich schon groß? Aber ich will mich auf ihn richten. Ich hab euch geschworen, ich bin eure Hand. In des Unausgesprochenen Namen: Wind, verlösch das Licht! Schließ, o verschließe die Welt der irrenden Seelen! Gib allen Wesen die süße Gnade des Schlafes zuteil, den guten und den bösen, all den unerlösten Funken, die da auf dem Wege sind!

Erster Akt

Erste Szene

Palast des Fürstbischofs. Reiches Zimmer. Fünfeck mit fünf Fenstern; Ruhebett auf Stufen erhöht; an der linken Wand Kruzifix, davor Betpult; am Bett kleiner Schreibtisch. Teppiche, Wandbehänge. Rechts und links je eine Tür, dahinter Zwischenvorhang als Portiere. Helle Sonne; hinten sichtbar Gipfellinie eines hohen Bergzugs und jungbegrünte Wipfel. Der Kardinal, ein Greis. Der Bischof, ein Mann. Beide sitzen.

KARDINAL Nein... Eure Mittagstafel – wollt sie mir erlassen. Mich ärgern Alter und die Last des Reisens mit Schlafzwang.

BISCHOF Bei so hohen Jahren, Eminenz, die rauhe Brücke zu beschreiten, die zwischen Mecheln und Rom sich wölbt!

KARDINAL An Eurem Ausdruck merk ich froh den Genossen der Freude an Globen und guten Karten. Nun, meines Weges schwerster Teil fiel mit jener starren Brennerwüste ab; Euer Brixen, Monseigneur, zehrt schon vom Glücke südlichen Lichts. Es mußte sein. Vielleicht ermannt mein schwaches Wort, da ich Franzose und von Familie, den Heiligen Vater gegen die Pariser Anmaßungen. Die Kirche, geistiger Leib Christi und also Gottes, seh ich im Nerv bedroht, hebt er, Frankreich zu Willen, die Gesellschaft Jesu auf...

BISCHOF Allein die jesuitischen Übel, vor deren Möglichkeit mir schaudert?

KARDINAL Vorhandene Übel. Man bessere mit zarter Hand und halte streng und steil die unantastbare Fassade der Kirche all den infamen Wettern dieses Jahrhunderts der Schmach entgegen. Die Ecclesia, Gottes Tochter, sei in der Öffentlichkeit unberührten Rufes wie nur irgendeine große Dame – einige Schönheitspflästerchen immer zugestanden.

BISCHOF *hebt abwehrend die Hand* Eminenz!

KARDINAL Euch kleidet der Ernst; ein Greis darf scherzen. Aus meiner gänzlichen Unwürdigkeit folgere ich beinah, ich dürfe Gottes Werkzeug sein – liebt er doch unscheinbare Instrumente, und ich habe ihm diesen Zug abgeluchst... Seht nicht so feierlich drein, ich bitte...

BISCHOF Hörte man Euch ohne Wissen Eures makellosen Lebens, Eminenz, und der beglückenden Verehrung ganz Flanderns...

KARDINAL Genug, genug! Dieser Stock zum Exempel, mit dem ich die Alpen querte – er sieht nach nichts aus; und doch schnitt ihn sein Besitzer vom uralten Geäst der Therebinte, die am Brunnen der Samaritanerin noch heute grünt. Da, ich schenke ihn Euch, nehmt ihn als Gastgabe, ich sehe ihn gern in Eurer Hand.

BISCHOF Vom Baume, der einst dem Heiland schattete! Wie wär ich würdig!

KARDINAL Nehmt, nehmt und laßt mich alten Liebhaber der seltsamen Wege des Herrn noch diese anekdotengleiche Geschichte anmerken. Ihn schnitt sich ein Pilger aus Gent vom heiligen Baume – ein johanneïscher Christ, Spanier gleich Euch, doch aus marranischem Geschlecht – Ihr wißt, aus altem Judenhause...

BISCHOF *den Stab von sich weghaltend* Oh!

KARDINAL Ja, ein von Herzen her glühender Katholik.

Bischof zieht den Stab wieder nahe.

KARDINAL Viermal in vierzig Jahren trotzte er den Gefahren des Meeres, der Piraten, der Türken und der Sklaverei, sehnsüchtig nach den Stätten, die des Heilands Erdengang auf immer weihte; tauchte viermal seinen Stab, ihn hier, in den Jordan, salbte ihn viermal mit Öl, geweiht in der heiligsten Kirche der Christenheit.

BISCHOF *küßt den Stab* O Kleinod des Glaubens...

KARDINAL Auf seiner vierten Heimfahrt fand er zu langen Gesprächen bis Venedig die Gesellschaft eines holländischen Arztes, der ihn verführte, des Spinoza Ethika zu lesen.

BISCHOF Der Unglückliche! Dies teuflische Buch!

KARDINAL Mag sein. Ich fand sie majestätisch gedacht bis auf das Irrige einiger Axiome und erlitt im Glauben keinen Abbruch. Gestellt gegen das, was meine Landsleute jetzt Philosophie nennen, d'Alembert und Herrn Diderot, vom widerlichen Voltaire zu schweigen, ist sie ein Gebirg gleich dem unseres Aquinaten. Meinem Pilger jedoch kehrte sie das Leben um: heut lehrt er, Fünfziger gleich Euch, in Göttingen Medizin, Freund des berühmten Haller, Pantheist, das heißt eine Art verschwommener Heide, dem Namen nach Protestant – Jacob da Silva.

BISCHOF Wie entsetzlich gelassen Ihr das sprecht!

KARDINAL Ich glaube an die himmlische Vorsehung und versuche nebenbei, mit einiger Wirkung zu erzählen. Er ließ mir zum Abschied seinen Stab, und ich gebe ihn weiter an Euch. Laßt ihn nicht in der Ecke rasten, er will wandern... und gemahne er Euch manchmal, wie seltsame Kurven vor ihrem Ende Menschenwege ziehn. *Steht auf.* Bis an mein Zimmer nehm ich Euren Arm. Was wendet Ihr Euch?

BISCHOF Steht er nicht schauerlich und auch lockend da, in Schlangenrötlichkeit fleischern und so dürr?

KARDINAL Euch schüttelt's wahrhaftig! Ihr seid der Gesündeste nicht... In seinem Silbergehäus von brüggischem Filigran läßt er Euch sicherlich die Ruh. Mein Kammerdiener gab's dem Euren. Kommt, kommt, mich will eigensinnig mein Schlaf.

BISCHOF Ich, ach – mein Schlaf macht mich elend...

Beide ab.

Zweite Szene

Vor dem Vorhang. Heitere Musik – Quartettsatz von Haydn. Bediente und Küchenjungen tragen Gerichte quer über die Bühne, überwacht von einem Hofmeister; er bedeutet zwei Köchen, vor der rechten Tür zu warten, und geht rechts ab. Der erste Koch fährt einen Servierwagen mit Torten, der zweite einen mit Obst. Musik wird leiser und verstummt.

ZWEITER KOCH Ihr verlaßt uns wahrhaftig, Signor Taddeo?

ERSTER KOCH Ich habe gekündigt.

ZWEITER KOCH Gefreut's Euch nimmer?

ERSTER KOCH Unsere Durchlaucht – kommt, seht selbst: den vollen Teller Salmen fast räumt man ihm weg! Er beleidigt die Küche. Nippt wie ein Vögelchen, Star oder Amsel ganz vergleichbar. Das macht beim Hunde furios.

ZWEITER KOCH *lacht* Oha. Oho. Ihr seid ein Künstler, Signor Taddeo; Euer Pistazienmarzipan fiel wieder herrlich aus, und Eure Gelati: meiner Seel! Aber was solch ein Star einsackt, davon dämmert Euch nichts. Stücker siebzig fettschwarze Schnecken von morgens bis Mittag verknastert der Euch leidlich – tagaus, tagein. Euer mailändischer Magen vergleichsweis – nichts für böse, aber wie balde machtet Ihr – *Geste des Erbrechens* – so!

ERSTER KOCH Ich habe dem Herrn Marschall von Soubise gedient und dem großen Diamantjuden Pereira, ich bin nicht hochmütig und verlange keine Elogen; aber verschwenden soll seine Tugend auch kein Pferdeknecht. Ein geistlicher Hof ohne Weiber! Ist das hier denn noch ein Hof? Ein fürstlicher Bischof ohne eine Dame und ihr Frauenzimmer? Ein Asket ohne Heiterkeit, Tafellust und Lebensart! Ich verließ den Erzbischof von Salzburg, meiner Heimat näher zu sein; und wie der braucht's wahrhaftig nicht jeder Kleriker zu treiben – wer verlangt das? Unser Herr aber hinwieder – was geht dem nur im Kopfe um!

ZWEITER KOCH Ach, halt 's Gewäsche! Was dem durchs Hirn saust in fünf Minuten, damit kommt unsereins im Monat nicht zurechte.

ERSTER KOCH Verbrennt er wirklich auf Ostern einen lebendigen Juden?

ZWEITER KOCH Alles Lüge. Er läßt manchmal einen köpfen, so er auf der Gasse gegriffen wird bis zur hochheiligen Messe. Ich hab den vorigen gehört schreien am Block: Adonai schelmechai ... jetzt werden's zwei Jahre her.

ERSTER KOCH Dieser Spanier. In unseren Tagen. Das wart ich doch noch ab. Das seh ich mir an. In ganz Europa ist das rar. Das übertrifft klafterweit die Bärenhatz des Fürsten Demidow mitten in Petersburg am hellen Tage. Das ist grauslicher als Potsdam.

ZWEITER KOCH Seht Ihr dort, gegenüber vom Herrn, den Hauptmann Ritter von Branzoll? Der weiß, weshalb er da ist. Der muß die Straßen absuchen am Karsamstag – ausrufen den Judenbefehl mit Trommelschlag.

ERSTER KOCH Im grüngoldnen Rock, statiös. Sieht geärgert drein und säuft. Böses Zeichen! *Es schellt.* Da! Ich links an die Tafel, du rechts herum! Herrliches Obst hier – aber ich nehm meinen Abgang; nach Ostern, versteht sich.

Die Tür wird geöffnet, beide rechts ab.

Dritte Szene

Das Zimmer des Bischofs. Gedämpfte Musik. Der Bischof, Andreas treten ein; ein Diener stellt eine Schüssel mit Nüssen, Äpfeln, Pfirsischen auf den Tisch und geht.

BISCHOF Liebt Ihr Musik?

ANDREAS Ich weiß nicht, Hochwürdiger... Sie verwirrt mich – macht mir Träume mitten am Tag... sie löst mich, scheint mir, auf; eben sah ich Trauben, blaue in schwerem Laub, als ich die Augen schloß... Nein; ich liebe sie nicht.

BISCHOF Ihr sollet Euch nicht mönchen, mein Andreas. *Sie bekreuzigen sich vor dem Kruzifix; der Bischof setzt sich in den Stuhl am kleinen Tische.* Kommt, setzt Euch zu mir. Wir wollen einen Apfel essen, damit wir unser Tischgebet hernach verrichten können, jeder für sich allein. Ich liebe nicht, mit meinen satten Herren zusammen für das zu danken, was in so verschiedenem Gemüte genossen wird, von ihnen und von, laßt mich sagen, uns.

ANDREAS Ihr macht mich erröten, hochwürdiger Herr.

BISCHOF Aber dennoch möncht Euch nicht, Andreas. Ihr seid nicht geboren, als Bruder Franziskaner durchs Land zu gehen, mit staubigem Saum und die Knie an der Kutte scheuernd.

ANDREAS Ich liebe die Einsamkeit und ein stilles Leben.

BISCHOF Ihr seid von guter Geburt! Euer Bruder Leuchtenberg sitzt auf seinem Schloß wie ein rechter christlicher Herr, und die Bahn Eures Weges, innerhalb der Kirche steigt sie so hoch wie die seine. Ihr liebt die Einsamkeit, denn Ihr seid schwermütig vor Jugend; aber Eure Hände – zeigt mir Eure Hände: da tippe ich mit meinem Finger hinein, und sie höhlen sich nicht – wie sollen sie lernen, sich über Erbetteltem zu schließen? Liebt Ihr die Welt, Andreas?

ANDREAS Ich weiß nicht... ich weiß noch sehr wenig über mich...

BISCHOF Ich meine eher, Ihr fürchtet sie.

ANDREAS Ja... ja... ich fürchte sie auch... Laßt mich Mönch sein, Hochwürdigster, der Ihr so Scharfes wißt über mich...

BISCHOF Seht, Andreas, ich lächle, aber errötet nicht, es ist keine Beschämung in meinem Lächeln, eher Rührung... Ihr habt die Blümlein Sankt Franzisci gelesen... Ich lasse Euch Mönch sein, in zehn Jahren. Ich lege Euch das auf, nicht früher. Denn ich sehe Bequemes in Eurem Wunsch, und Ihr sollt nicht fliehen wollen.

ANDREAS Ich will dem Herrn und seiner heiligen Kirche aus ganzer Seele dienen.

BISCHOF Andreas! Und Ihr liebt nicht seine Welt?

ANDREAS Ich liebe... Gott. Ich liebe den Erlöser.

BISCHOF Ihr lästert. Ihr liebt ihn? Und ihm wollt Ihr dienen? Ihr wollt es Euch leicht machen! Ihr wollt den geradesten Weg hinlaufen zu ihm, hinweg aus der Bahn, in die er Euch stellte, über alle Schranken hin, die er selbst setzte. Wie wild Ihr noch immer reitet! Schämt Euch nicht, es ist Euch verstattet, so zu fühlen... Hört mich aber: es läßt sich nichts erstürmen und erzwingen. Ihr seid in diese Welt gestellt, liebt die Welt! Geht zu den Blumen hin und liebt sie, wie sie ihre Blätter entfalten und mit allen Blüten die Sonne trinken! Liebt die Tiere, die ihre Füße adlig aufheben und stets rein umhergehen, die Rehe liebt und die schönen Pferde! Die Kante jenes Berges da: erzittern muß Euch das Herz in der Brust, wenn sie des Abends blau vor dem gelb und endlosen Himmel schwebt! Ja, den Stein in der Sonne, die runden Steine, die wie Laibe Brotes warm liegen und fast duften, so sehr sind sie da und lobsingen vor lauter Dasein! Und erst, wenn Ihr überfließt von der Menge Eurer großen Herzensliebe, sollt Ihr auch das Arme und Häßliche lieben. Aber nicht die Qual, sondern die Welt! Nicht trauern, sondern freuen! Nicht das Elend, sondern die Sonne und auch das Elend! Ihr sollt in der Welt bleiben und auch wirken, Andreas! Ihr sollt ein Priester werden, kein Mönch. Ihr sollt Eure Pflicht tun.

ANDREAS *aufstehend* Verzeihung... Verzeihung... gestattet, daß ich mich entferne. Mir ist nicht wohl, mir kreist das Hirn! Ihr – Ihr wollt das Edikt – erneuern? Ihr – den Fluchbann? Den Todesbann? Sagt nein!

BISCHOF Geh, geh, lieber Sohn, ich segne dich und liebe dich. Geh, quäl dich nicht... Wir sprechen gelegentlich über all das. Denk nicht nach mittlerweil, hör auf mich! Leb wohl.

Andreas küßt ihm die Hand, empfängt den Segen und eilt ab.

Vierte Szene

Der Bischof lehnt sehr erschöpft, die Augen geschlossen, in seinem Sessel. Dann kniet er im Betstuhl nieder und legt die Stirn auf die gefalteten Hände. Nach einem Schweigen

DER BISCHOF Du kennst mein Herz. Ach, daß ich die Menschen lieben könnte! Oh, führe mich hin, zu allen so nahe wie zu dieser reinen Seele! Der du starbst, ein Liebender über aller Qual, und Erlösung ausgossest noch über die Bosheit: nimm mich auf den Saum deines Mantels, in den die Sterne gewebt sind! Aber du siehst, ich liebe die Welt, und ich erkalte vor den Menschen. O Herr, Herr! gib mir ruhigen Schlaf! Gib mir Ruhe im Schlaf. Errette mich vor den Stimmen im Traum, du kennst sie, vor den alten und vor der furchtbaren neuen! Herr, Herr, der du bist Christus und Sohn Gottes, schütze mich, denn ich bin schwach, so schwach, so nackt, so offen vor ihr! Nimm sie fort, Herr! Ich verstehe dich nicht! Ich weiß nicht, was sie bedeutet und wie du das zulässest! Dann will ich, wenn ich schlafen kann ohne Träume, die Ketzer selbst lieben, deine Feinde selbst... ach – *stöhnend* –, die Juden! *Er krümmt sich im Betstuhl ganz zusammen und bleibt eine Weile so; dann richtet er sich auf, ordnet sein Kleid, faßt sich und läutet, eine Schnur ziehend, zweimal; dann setzt er sich vor den Schreibtisch und öffnet ein Blatt Papier.* Ach, wenn Gebet geholfen hätte! Und dieses furchtbare Papier! Edikt, das mich foltert mit Soll oder Nichtsoll ... Und meine Seele ganz allein damit! Nur eine Stunde! Ohne Traum!

Fünfte Szene

Peter tritt durch die hintere Tür, das Hauskleid des Bischofs überm Arm.

BISCHOF *aufblickend* Laß nur die Fenster offen, Peter. Aber die Vorhänge nimm eng zusammen. Ist Herr von Branzoll noch im Schloß?

PETER Zu Euer Gnaden Befehlen. Aber besser dächtet Ihr nicht an ihn vorm Schlafen. Ich erinnerte mich des Bernsteinkreuzes, drein ein Span vom heiligen Kreuz verschlossen, es bannt bösen Geist. Erlaubt Ihr, daß ich's auf den Schemel stelle, Euch zu Häupten. Gute Ruhe kommt aus dem gelben Schein und dem heiligen Holz.

BISCHOF Bin ich dein Sohn, daß du so wachst über mir?

PETER *fällt ihm zu Füßen, küßt seine Hand* Lieber Herr! *Er geht hinaus, bringt das Kreuz, küßt es andächtig, stellt es auf den Schemel und zieht, während der Bischof schon auf dem Lager liegt, den letzten Vorhang zu, nachdem er ihm Decke und Kissen zurechtgerückt hat.*

Halbdunkel.

BISCHOF *mit müder Stimme* Lieber Alter. Ach, wie das tut, zu ruhn, wenn einer müde ist ...

PETER *an der Tür* In der Heiligen von oben Schutz. *Er geht leise hinaus.*

Dunkel.

Der Bischof liegt kurze Zeit ruhig schlafend; dann wirft er sich unruhig hin und her und stöhnt. Allmählich erscheinen immer deutlicher am Fußende des Bettes die Umrisse einer weißen Gestalt mit weißem, immer klarer scheinendem Antlitz, schwarzbärtig, drohend: das Gesicht des Baalschem, der unbeweglich, den Gebetmantel über den Kopf gezogen, die Gebetriemen um Stirn und Hand, den Bischof anblickt, der vor Qual und Angst fast winselt und sich im Bette zusammenkrümmt.

DER BISCHOF Weg! Fort! Du Widerdämon, Gespenst, das mein Herz zerschneidet! Ich banne dich! *Das Kreuzzeichen sinnlos oft machend mit unsicherer Hand* Im Namen der Jungfrau, im Namen Christi! Noch da, noch da! O alle Heiligen, o Kreuzesstamm, an den ich mich halte! Teufel aus Eis und Grauen – er ist noch da! Ich will aufwachen, will erwachen! O Gott, daß du dies zulässest, eingekrallt in mein nacktes Fleisch! Oh, oh, oh! Geh fort, geh fort!

BAALSCHEM *leise, höhnend* Kannst du auch sagen: Geh weg! zu dem Inneren deiner Haut? Kannst du die Sohlen deiner Füße verbannen und die Knochen beschwören, die dein Hirn einkapseln wie die Nuß den Kern, sie sollten dich fliehn?

DER BISCHOF Die Täler der Träume speien ihr Gewürm auf mich, immer das gleiche mit neuen Häuptern. Oh, dies Gesicht ist mir zerfleischend. Was willst du denn von mir! Was hast du mit mir zu tun!

BAALSCHEM Ich bin da – was braucht es mehr? Deine Seele kräuselt sich ja wie ein brennend Papier. Mein Geschäft ist, dir deinen Namen zu sagen, Jochanan ben Meïr von Wilna.

BISCHOF *leise schreiend* Ah, ah, schweig! Ich ging fort von euch, nicht blieb ich bei euch! Was hängt ihr euch an mich!

BAALSCHEM O Jochanan, glaube nicht, daß ich außen herantrete! Ich tauche auf in dir wie im Brunnen der Wassergeist, meine Stimme rauscht in deinem Blute. Du trägst in deiner Brust mich, den du deinen Widerdämon nennst!

BISCHOF Du bist's! Bist mein Antichrist! Bist mein ewig schweifender Jude!

BAALSCHEM O Jochanan, Sohn edler Geschlechter und des alten Volks: der schlechte Stein wird in der Mühle zerrieben und Mehl wie Mehl vom Mahlstein. Aber der Diamant reißt langgedrehte Rillen in die kreisenden Reiber. Dein Widerdämon? Bin ich nicht vielleicht du?

BISCHOF Ich habe gerungen, ich habe geschlagen. Ich halte meinen Fuß auf ihnen und lasse sie Schande fressen, Qual und Tod. Und sie rächen sich, und ich räche mich mit Blut, und sie rächen sich mit Grauen des Traums. Dich zu träumen, verfluchter Traum! Ach, daß ich vergäße! Ach, daß ich stürbe!

BAALSCHEM Deine Ahnen in der Ewigkeit legten dein Los in meinen Streit, ich bin ihre Hand, du aber bist ihr Sohn. Wisse, du entrinnst nicht den Vätern, denen du geboren bist. Die Macht des Geistes schweift im Blute, Jochanan ben Meïr von Wilna – Mörder deiner Brüder!

BISCHOF *sich bäumend* Sei verflucht!

BAALSCHEM *milde* Fluche dir nicht, Lieber, wenn du verfluchst Israel ben Elieser, den Baalschem! *Vergeht langsam.*

Bischof sitzt aufrecht, mit gestreckter Faust, zitternd.

Zweiter Akt

Erste Szene

Stube des Baalschem, Ausgang des Sabbath. Durch die offenen Fenster ein reiner, blauer Abendhimmel, am Horizonte das Abendrot noch strahlend. Der Baalschem und drei seiner Jünger: Rabbi Jacob Josef, ein älterer Mann, Rabbi David Pirkes, etwas jünger, Rabbi Simon, der jüngste. – Beim Aufgehen des Vorhangs sitzen die drei Jünger in bedrückten Stellungen hier und dort, der Baalschem schreitet gebeugt, bleich und stumm auf und ab.

BAALSCHEM Ich kann es euch nicht sagen... Er weicht mir nicht... niemals ist mir ein Kampf aufgelegt worden so schwer wie dieser. Was ich des Nachts bewirke – des Tags löscht er's aus; es ist wie nicht gewesen. Und ich muß von Anfang beginnen jede Nacht.

RABBI SIMON Wollt Ihr nicht, Meister, zu den Birken gehn? Seht, wie blau und erhellt der Himmel noch aufsteht über dem herrlichen Ring von Rot! Die Luft muß wie Schabbath herwehn über die Steppe.

BAALSCHEM *am Fenster* Ach, mir ist's weh um jenen!... Die Birken, Simon, stehn schmal und weiß wie Seelen mit ihren roten Zweigen im tiefen Himmel... Spät kommt der Frühling hierher, und es gibt Länder, Simon, da alles jetzt schon grünt wie in Erez Israel daheim. Wege ziehen über die Erde in reichere Gegend... nur der Mensch ist eingewurzelt am Ort... *Er geht schweigend auf und ab.* Es gibt Menschen, David, die führen dich zu einem Baum in der Sonne oder im Mondlicht, zu einem Haus oder irgendeinem Ding und sagen: Siehst du nicht, wie es auf seinen Schatten gegründet ist? Jedes Ding, sagen sie dir, lebe von seinem Schatten. Und wenn du ihnen erwiderst, der Baum sei auf seine Wurzel gebaut und das Haus auf seine Grundmauern, so glauben sie dir's nicht, und du kannst dir nicht helfen, weil ja der Schatten wirklich auf der Erde liegt und dicht angegrenzt ist an das Ding.

RABBI DAVID PIRKES Die Deutung, Meister?

BAALSCHEM Keine Deutung, David. Ich soll einen Menschen einsehn machen, daß der Baum von Wurzeln gespeist wird und das Haus auf Grundmauern fußt.

RABBI SIMON Meister, lieber Rabbi, darf ich nicht Aleska die Pferde strängen heißen? Wollt Ihr nicht über Land fahren wie jeden Abend am Schabbath? Kann sein, daß der Weg die Qual schwächt und Euer Licht uns wieder scheint.

RABBI JACOB JOSEF Einen Dank, Rabbi Simon, fürs gute Wort!

BAALSCHEM Ja, Simon! Geh und laß die Pferde anschirren und sieh dem Wagen auf die Räder. Bald feiern die Christen das Osterfest: wir treten eine weite Fahrt an diese Nacht – um den Tag zu bekämpfen mit dem Tage. Und vielleicht, daß einer einsieht, der Baum lebe dennoch von seinen Wurzeln, und ein Schatten sei ein Schatten.

Sie stehen alle auf.

Zweite Szene

BISCHOF *am Schreibtisch sich umwendend* Vergaß den Namen und find ihn nicht. – Düsteres Grauen füllt mich und pocht mir im Kopfe. Ich begreife nicht, Gott, was du über mich verhängst! Bin ich – leiser, noch leiser, daß niemand mich höre, auch ich nicht, auch nicht der Heiland dort überm Pult, der so bleich blickt auf dem schwarzen Holze – bin ich auf irrem Weg? – Ich kann mich nicht fassen. Ich will den Arzt rufen. Ich weiß sehr wohl, was mir not täte: eine Beichte, ein Beichtiger! Aber wem? Es sind lauter Träge und Dumme um mich, wenn ich sie mit mir vergleiche. – Ich will dem Andreas beichten! Der reinen Seele will ich mich ausschütten, mich ganz entleeren! O guter Entschluß! Gleich wird mir's leicht und frei und lachend ums Herz. Und nun Trotz euch, die ihr euch feige schleicht in den Schlaf eines Schlafenden ohne Wehr, und eure Häupter getreten tief, tief ins Blut und in die Schande. *Er steht schnell und freudig auf und greift nach dem Glockenzug, aber schon tritt der Kammerdiener ein, einen Brief auf sil-*

berner Platte. Rasch, alter Peter, laß mir den Andreas ein mit seinem Schach.

KAMMERDIENER Ja, die jungen Herren! Dies gab er dem Diener, eh er davonritt.

BISCHOF Er – verritt? *Öffnet den Brief, liest, läßt ihn sinken, wieder sitzend* Ich verstehe... ich vergaß... mein Auftrag... Peter, mein Reitkleid, schnell! *Der Kammerdiener geht schnell hinaus.* Ich verstehe nicht... Ich soll ihn reisen lassen! Er fürchtet sich vor mir? Ihn treibt's ins Kloster, augenblicks? *Er blickt vor sich hin, dann schüttelt er den Kopf und richtet sich jäh auf, zum Schreibtisch eilend, mit harter Stimme hinaufrufend zum Kruzifix* Du willst die Beichte nicht, o Herr, du willst mit vollem Zweck das andre, dies? *Er löst das gelbe Band von der Rolle und unterzeichnet das Edikt, rufend* Den Falken, Peter, den Hengst! Und Reiter vor mir her, den Fluß entlang, damit die Straße frei sei für meinen Ritt und scharf die Luft an meiner gespannten Stirn. Der Berg wirft zu beiden Seiten seinen Rücken schwingend empor, der Wald steht in jungem Safte: sollte ich nicht lernen, allein zu sein auch weiterhin und mit zerwühlter Brust aufrecht auszuhalten wie ein Baum? Leb wohl, Andreas.

Dritte Szene

Morgendämmerung, hell. Ein Platz, Ecke des Palastes mit halbrunder Bank, darauf sitzend der Baalschem und seine Jünger.

BAALSCHEM Wir suchten das Haus eines Mörders, und jetzt sitzen wir an des Mörders Haus.

SIMON Rückt näher zu mir, Reb David!

DAVID So sehen manchmal die Häuser von Mördern aus – mit vielen Fenstern, aus glatten, hellen Steinen.

SIMON In dieser Welt.

BAALSCHEM Vielleicht zittert er jetzt, vielleicht betet er. Vielleicht mordete er in anderen nur sich selbst. Ich muß sehn, zu ihm zu dringen, aber er ist ein hoher Mörder und an der Schwelle einer sehr hohen Stufe vielleicht. Und wie schwer öffnet sich einem einfachen Juden solch eine mächtige Pforte. Ich will euch sagen, Brüder: Laßt mich allein. Mir scheint das besser so. Heut feiern die Menschen hier ihr Ostern.

JACOB JOSEF Wir wollen eines Juden Haus aufsuchen, Brüder. In Bischofsstädten wohnen sie immer der größten Kirche nahe, Schutzes halber.

BAALSCHEM Fragt sie, was ihnen dies Ostern bedeutet. Und dann könnte sich erweisen, ob einer Mut hat, oder vielmehr: Vertrauen.

SIMON Meister, du lachst. Mut hat mancher nicht viel. Aber Vertrauen, wenn in dich, zum Beispiel.

BAALSCHEM Würde dieser wagen, den Tod am Kinn zu streicheln? Etwa den Bischof hier in hohem Schmuck und Feierkleid anreden, während er predigt?

SIMON *lächelnd* Und was sollte der ihm sagen?

BAALSCHEM *lächelnd* Törichte Worte, versteht sich. Etwa, er solle kein Narr sein, er solle hinkommen zu mir, dem Israel ben Elieser, einem bedeutungslosen Juden, und das gleich auf der Stelle.

Sie stehen auf.

SIMON Kommt, Juden. Ach, Meister, wie du uns so freudig ansiehst!

BAALSCHEM Friede sei mit euch, Brüder! Wer weiß, was der oben, der Lenker der Welt, verzeichnet und plant! Mancher Mensch trifft seine Wahl, für immer, auf seinen Tod hin, Simon, und hat doch nur im Sinne, einen anderen zu erfreuen. Friede sei mit euch...

DAVID Mit dir sei Friede.

Die drei Jünger ab. Der Baalschem summt eine Melodie, zeichnet, auf der Bank sitzend, mit seinem Stab auf dem Boden. Man hört Schritte und Sporenklirren Branzolls.

BRANZOLL *sein Sponton durch die Luft wirbelnd* Lerche, du trillerst in einer geradezu verdächtigen Weise. In Frankreich behauptete der Sieur de Flesselles, sie singe immer: Payer les dettes, payer les dettes. Als wäre Schuldenzahlen nicht die eines Edelmannes unwürdigste Unternehmung. Denn da Zinsnehmen verboten, gibt er seinen Gläubigern Gelegenheit zur Tugend der Selbstüberwindung, der Geduld, der Sanftmut und des Wohltuns. Ziu, ziu, tirili, tirili. Ja, ja, es ist Ostermorgen, unverschämter kleiner Kalendersänger. Und wir haben gottlob keinen Juden aufgestöbert. Der Tag wird ohnedies aufregende Vorkehrungen noch genügend heraufführen. Aber ich werde mich eine Stunde ausschlafen und der Erlaucht nachher Geßners Idyllen vorlesen lassen. Die moderne Literatur macht zärtlich und edel. Oder Gellerts Fabeln? Ich werde ausknobeln. Hie Schweiz, hie Sachsen. Atata, wie gemütlich Menschen ums Herz scin kann, die ihren Schoppen vertragen! Wissen sollte man aber freilich, im Interesse der Landesverteidigung, welcher unserer Weine so phantastisch das Gemüt ölt. Ich habe mit Terlaner angefangen, bin auf die Höhe des Muskatellers gestiegen und habe mich mit Kalterer Seewein gekrönt. Ich fühle mich geistig rege und sehr mild. Kommt Milde von Muskateller, so muß man ihn Pfaffen und Ärzten verordnen, zänkischen kleinen Bestien. Macht meine Weisheit Reverenz vor dem Kalterer als Papa, so geb ich von nun an den Politikern und Pferdedieben Seewein ein. Seewein ein, Seeweinein, das klingt griechisch. Also – da sitzt einer. Olala, ich warf mir die Nacht nicht allein über die Schulter. Herr Nachbar, guten Morgen! Habt Ihr nicht kühl?

BAALSCHEM *hebt das Gesicht* Dank, Herr, und guten Morgen.

BRANZOLL Ha, ho. Es scheint, der Herr ist nicht ganz glücklich gereist...

BAALSCHEM Wie nennt sich diese Stadt, mein Herr?

BRANZOLL Euresgleichen sah ich in der Leopoldstadt in Wien. Ohne Euch kränken zu wollen, würde ich Euch für einen Hebräer nehmen, wenn ich Euch zum Beispiel an der Ecke eines fürstbischöflichen Palais verhaften müßte.

BAALSCHEM Ich bin ein Jude aus Polen, Herr Offizier, und wandere heim.

BRANZOLL Solch ein Schreck ernüchtert jedermann in kürzester Zeit. Königreich Polen, das kompliziert den Fall, denn wir sind sehr befreundet mit der Kaiserin, und Wien ist mit Sachsen verbündet, welches seinerseits mit Polen personaluniert ist. Immerhin könnte das Euch retten, was Ihr verflucht benötigt. Aber lest Ihr denn nicht die Landessprache, zum Donnerwetter? Gewisse Edikte angeschlagen öffentlich? Macht Scherereien und zwingt mich zu Amtshandlungen, wenn ich schlafen will?

Der Baalschem zuckt die Achseln.

Ja, ja. Achselzucken und Schweinerei. Vorwärts, Herr. Manche Leute scheinen einfach Pech zu haben, etwa wir zwei. Euer Weg geht nun mal zunächst durch die Keller dieses Schlosses. Gewisse vergitterte Fenster sollen Euch nicht in Zweifel setzen. Wie es scheint, seid Ihr bei Eurem Gotte nicht gerade gut beglaubigt. *Wischt sich den Schweiß ab.* Die Juden von hier können lachen. Aber Ihr... komm mit, Idiot.

Der Baalschem steht auf, lächelt, verneigt sich.

Vierte Szene

Langer Gang, Morgenlicht durch gotische Fenster, Ampeln von der Decke. Bischof, Andreas.

BISCHOF *mit Andreas auf und ab gehend, unstet, schnell, langsam, oft stehenbleibend* Dank, daß du wiederkamst... Ich mußte dir's befehlen...Dir graut vor mir, ich weiß, du fürchtest mich... Oh, auch mir graut vor mir...Du hast einen ahnenden Geist... Dennoch hättest du damals bleiben sollen...

ANDREAS Mein Vater, vergebt mir – oh, ich bereue! ...Mir verging das Herz, ich sah nichts mehr – es litt mich nicht mehr...

BISCHOF Gut, gut, laß sein. Bleib heute bei mir, Andreas. Mir kommen heute schwere Stunden, ich fühl's, ich weiß... Mich versuchen Dämonen jede Nacht, ein Dämon, ich weiß nicht mehr, ob böse oder gut... Mir schwindelt... Ich habe die ganze Nacht gebetet, ich schlief ein, kaum einen Augenblick, und schon stand er da. Er ist übermächtig, ich erliege. Vielleicht siehst du mich bald nicht mehr, Andreas...

ANDREAS O wie gerne, Vater, will ich Euch beistehn mit meinem schwachen Wort... Aber was vermag ich!

BISCHOF Du bist stark, aber du weißt es nicht. An dich darf er sich nicht wagen, du bist auf immer geschützt vor ihm. Hörst du? Hörst du's auch? Rasende Näherung! Ich höre ihn anprallen... hilf mir!

ANDREAS Apage, apage... Ich höre nichts. Wäret Ihr krank? Der Böse sucht Euch heim, mein Vater, Ihr seid heilig!

BISCHOF O still, o still! Ich bin ein furchtbarer Sünder! Ich bin nicht wert, das Allerheiligste zu tragen... Ich habe die Juden gerichtet, weil... weil...

ANDREAS Für unsern Heiland, o mein Vater! Er verzeiht es Euch! Seid milde von nun an, streicht aus das erlassene Edikt! Laßt keinen Juden zum Tode losen...

BISCHOF Du mußt die Monstranz mit Jesu Leib tragen!

ANDREAS Nie, nie! Ihr seid ein Eiferer für den Herrn!

BISCHOF Auch bin ich nicht wert, dem Volk zu predigen. Ich bin ein furchtbarer Sünder... Ich weiß nicht mehr rechts noch links...

ANDREAS Ein Heiliger! Segnet mich! *Fällt vor ihm nieder.*

BISCHOF *zurückweichend* Steh auf! Steh auf! *Sonnenstrahlen fallen durch die Fenster.* Die Sonne! Gottes heilige Sonne! Komm, stütze mich, laßt sie uns anschaun! Die große Sonne des Osterfestes! Auferstanden, sagt sie, du, resurrexit! O Glück, noch einmal im Osterlicht zu weinen... *Sie stehen nebeneinander am Fenster; nach einem Schweigen mit glücklicher Stimme* Ich werde dennoch dem Volke predigen, Andreas. Möge der andre sich hüten vor mir.

PETER *tritt ein* Ich wünschte, daß Euer Exzellenz Gesundheit nicht antastete, was ich zu melden hätte, indem es Euer Blut in cholerische Wallung brächte. Der Herr Kapitän läßt melden, es säße einer im Eckturm des Schlosses fest; er habe ihn auf der Straße gefunden.

BISCHOF *weicht durch den Gang zurück bis ans Ende* Habe ich – oh, habe ich einen in meiner Hand?

PETER Des Königs von Polen Majestät Untertan, gab er dem Kapitän zu verstehen.

BISCHOF Er soll mir sein Gesicht zeigen! Ich werde Gelegenheit nehmen, hinter seine Mienen zu leuchten noch vor der Predigt!

ANDREAS Ihr werdet, Herr, an solchem Tage doch nach keines Menschen Leben tasten!

BISCHOF Das sage nicht.

Dritter Akt

Erste Szene

Bühne von einem tiefen, halbdunklen Raum erfüllt, in dem sich die Juden leise regen. Gedämpftes langsames Läuten der großen, tiefen Glocke. Lichter auf einem Tisch.

EINE STIMME Verstopft die Ohren! Verhängt die Tür! Da heult sie schon, die schreckliche Glocke!

ANDERE STIMME Beginnt! Werft das Los! Alle Schmach auf unser Haupt – sind wir Juden doch!

SCHREIE Nein, nein!

DRITTE STIMME *alt und langsam* Ich hab gesagt, tragt keine bunten Röck, es schickt sich nicht für Söhne Josephs. Ich hab gesagt, was zieht ihr seidne Strümpf an? Und nun stoßen sie euch dennoch in den Dreck.

EINE JÜNGERE Reb Gerschom, es ist Gott gleich, was wir anziehn. Er will das Herz, und das Herz ist jüdisch.

DIE ALTE STIMME Ausgerechnet du hast mit ihm geredet, Elimelech, du ausgerechnet hast ihn gefragt! Deine Frau sieht ihr affiges Gesicht in einem Spiegel aus Venedig und in silbernen Platten. Denn bei uns reden jetzt die Jungen; wir Alten dürfen uns den Rotz aus der Nase schneuzen. Damit fängt's an, mit Spiegeln und seidenen Fähnchen. Mein Mund wird sich nicht verunreinigen und sagen, wo es endet... Und was habt ihr jetzt davon? He, he, traut euch doch auf die Gasse mit euren Kniehosen und seidenen Beinen! Sie werden leider was dreckig werden, wenn ihr euch an die Wand drückt und verkriecht im Keller bei den Kohlen. Geht doch hin zum Spanier, hebt doch eure Stöckelschuh vor ihm – ah, er sei verflucht! Eltern und Voreltern in der wilden Hölle!

DER VORSTEHER Sie zanken sich! Draußen steht der Tod, doch sie zetern und keifen! Daß mir das Herz nicht birst vor Zorn! Fragt ihr noch, wofür der Herr uns dies auflegt! Wollt ihr nicht endlich in euch gehen und Läuterung anheben, ihr Hunde? Ihr sollt Frieden machen! Ihr sollt einander lieben! Ihr sollt Brüder sein einer zum anderen! Es ist keine Scham mehr im Hause Jacobs! O Allmächtiger, nimm mich von hinnen, damit ich das nicht mehr muß ansehen in solchen Tagen!

DIE ERSTE STIMME Werft das Los! Schreibt auf Zettel unsre Namen! Auch diese Schmach noch über unser Haupt!

DER VORSTEHER Niemals! Kein Los! Er wagt es nicht. Eine gute Kaiserin in Wien und ein Papst in Rom!

DIE STIMME DES ALTEN Der Papst ist weit.

EIN GREIS Herr! Herr! Sieh unser Fasten seit Freitag abend...

EINE FRAU Drei Kinder, meine! Weh! Weh! Kein Engel erschienen zu helfen...

EIN JÜNGLING Ich glaube! Ich glaube an deine allmächtige Hand! Du wirst den Bischof tot hinstrecken mitten unter den Leuten auf dem Markt! Ich glaube es! Sag mir, Herr, daß ich dein Werkzeug bin, und ich will das Messer stoßen mit dieser Hand! Rede zu mir! Gib mir ein Zeichen!

DIE ERSTE STIMME Werft das Los! Macht ein End!

EIN MANN *aufstehend* Ich bin kein Gelehrter und nicht fromm. Um mich ist kein Schade. Ich will hinaus. Hin zum Branzoll. Der Herr wird mich annehmen zur Heiligung des Namens.

SCHREIE Nein! Nein! – Laßt ihn! Er rettet uns! – Der Herr hat ihn erweckt! – Ein Engel in seinem Leibe!

DER VORSTEHER Euer Weib, Reb Josse! Eure Kinder!

DER AUFGESTANDENE Haben sie nicht Not gelitten, alle sieben bisher? Ihr werdet sie versorgen, und sie werden es gut haben, einen guten Namen tragen in Israel. Öffnet die Riegel! Laßt mich hinaus!

Schläge an der Tür des Hauses.

LAUTE SCHREIE Allmächtiger – die Reiter! Branzoll!

Alle fliehen in die Ecken des Zimmers und an die hintere Wand; lautes Weinen. Der Aufgestandene bleibt in der Nähe der Tür allein und sinkt langsam in die Knie. Neue laute Schläge. Simon, David, Jacob, Josef treten ein.

SIMON *bescheiden* Juden und Brüder, dürften Reisende von hier aus wohl der Predigt zuschauen?

Zweite Szene

Vorraum des Gefängnisses. Hochgelegene Fenster. Bischof, Branzoll. Der Schließer.

BISCHOF Beschäftigt Euch so der Aufmarsch zum Hochamt? Was bedarf's groß, mein Lieber? Was regt Euch so auf?

BRANZOLL Vielen Menschen platzen leicht die Kräfte. Und dann gibt's Gedränge. Befehlt Ihr den Henker, Durchlaucht? Einen Block? Den schweinsmäßigen Scheiterhaufen draußen am Galgenberg?

BISCHOF Nein. Ja. Geduld. Laßt ihn sehen! Öffnet! *Schließer öffnet die Tür. Der Bischof blickt starr auf die Türöffnung. Branzoll wartet, der Bischof winkt* Weg!

Schließer und Branzoll ab.

BAALSCHEM *auftauchend aus dem Dunkel* Gelobt sei, der am ersten Tag erschuf das Licht.

BISCHOF *weicht zwei Schritte zurück. Schließt die Augen, sucht sich zu erinnern. Schüttelt das Haupt. Sitzend auf einer rohen Bank* Ihr seid ein Untertan des Königs von Polen Majestät?

BAALSCHEM Eines sehr großen Königs Untertan. Welches dieser Fenster sieht nach Osten?

BISCHOF *zuckt die Achseln, schaut ihn an* Ihr fürchtet Euch wenig, Jude.

BAALSCHEM Weiß ein so hoher Herr denn nicht, wo die Sonne aufging heute früh? Ist dies denn nicht Euer Haus, und die Sonne noch ein wenig höher denn Euer Haupt?

BISCHOF Ihr lest also die Sprache dieses Landes nicht. Wißt nicht, daß Ihr nach meinem Willen lebt oder sterbt. Daß ich der Fürst bin zwischen diesen Bergen. *Der Baalschem lächelt.* Die Frechheit der Juden besteht seit Jahrtausenden.

Es wechseln ihre Kleider, aber ihr Herz stockt ewig gleich geronnenem Harz.

BAALSCHEM Wie kann ein Mensch im Untergang so kühn vom Tode reden, den er gibt? Der nicht einmal die Richtungen seines Hauses kennt, die sich doch gleich bleiben, während er selbst hin und her wechselt wie ein Kerzenlicht. Ich wünsche mein Morgengebet zu sprechen. Ich bitte den Herrn des Hauses: wo ist hier Osten?

BISCHOF Welche Sicherheit in einer Haut, die ich abreißen kann wie schlechten Einband, in langen Streifen. Welch ein Kopf, dieser da: ein Wink, und der Henker packt ihn am Bart und zeigt ihn allem Volke. Und wenn der Wind günstig steht, riecht manchmal das ganze Tal nach verbrannten Juden. Dieser Geruch ist der von verstunkenem Fleisch und versengten Kleidern. Einiges Geschrei bleibt nicht aufbewahrt in den Ohren.

BAALSCHEM Gewiß. Geheul im Herzen hallt länger nach. Wenn der Richter der Welt danach trachtet. *Wendet sich nach einer Fensterwand, durch die Sonne fällt.*

BISCHOF Ja, das ist Osten. Wie errietet Ihr's?

BAALSCHEM *deutet auf den Schatten des Bischofs an der Gegenwand.* Mancher Mensch schweigt, dann redet sein Schatten. *Verschwindet im Gefängnis.*

BISCHOF *sitzt, verkrampft seine Hände* Wer ist das? Wo sah ich den? Gespenster gehn um, die wühlen in mir...

Der Baalschem taucht wieder auf. Gebetriemen um den Kopf, in den weiß und schwarz gestreiften Gebetmantel gehüllt. Der Bischof steht auf, wie zurückgedrängt weicht er an die Wand. Sein Blick hängt starr an der verwandelten Gestalt. Der Baalschem, nach Osten gewendet, betet. Neigt sich hin und her.

BISCHOF *erliegt gleichsam zwanghaft dem Rhythmus des Baalschem. Neigt sich vorwärts, rückwärts. Sein Schatten zuckt mit ihm* Geheul. Geheul im Herzen. Geheul im Herzen!

BAALSCHEM *legt sein Haupt inbrünstig zurück* O Ewiger, meine Lippen öffne, und mein Mund verkünde deinen Ruhm.

BISCHOF Er ist es. Wahrscheinlich träume ich wieder. Mag sein, ich bin verloren.

Stille.

BISCHOF Solch ein glücklicher Mensch. Solch ein befriedeter Mensch...

Baalschem betet zu Ende. Bischof ringt die Hände. Weint in seine Hände.

BAALSCHEM *sein Gebet beendet, tritt zwei Schritte zurück* Der da Friede ausstrahlt durch die Himmel, er lasse Frieden werden uns und ganz Israel, und sprechet: Amen. *Wendet sich zum Bischof* Sprechet: Amen!

BISCHOF Ich war ein verflogenes Blatt! Ich hatte Angst, ganz einfach, in der Welt! Ich klopfte an, und man tat mir auf, und wahrhaftig tat man Gutes an mir, die Kirche. Ich suchte Sicherheit für mein Herz, und als es ihm warm ward: da begann es wieder zu flattern wie ein verwirrter Vogel an der Fensterscheibe. Wieder zu flattern! Wieder!

BAALSCHEM Sprechet: Amen!

BISCHOF Ja. Nein. Geduld. Ich nicht. Ich knie in der Kirche nieder, mache die Demut meines Herzens äußerlich: und schon umgibt sie mich wie eine hohle Hand, warm, ach – wölbt sich über mir, ich bin zu Hause. Was aber wollt Ihr von mir?

BAALSCHEM Ihr solltet nicht mehr predigen. Es wäre vielleicht nicht ganz schicklich mehr.

BISCHOF Meine Herren! Hier tut einer, als kennte er Gott selbst. Wagt Ihr zu behaupten, auch mir könntet Ihr solchen Frieden geben?

BAALSCHEM Wer bin ich? Ihr allein könnt es. Stand da nicht ein Dornbusch, der brannte und nicht verbrannte? Hörte da nicht ein menschliches Ohr die Stimme Gottes, wie sie aussagte? Brennend und nicht verbrennend? Spiegelt sich das ewige Sein im Geiste des Menschen, so fällt er aufs Angesicht und erfährt Gott. Ist das nicht ganz einfach?

BISCHOF Oh, das klingt ketzermäßig. Aber wie – erfährt er dies?

BAALSCHEM Anfeuernd zu Taten, schwebend, aber in ganzer Ruhe. Empfangend. In stillem Lichte. Lachend. Gott liebt das Lachen, darum schuf er es.

BISCHOF Wenn Ihr mir hülfet?

BAALSCHEM Wenn Ihr Euch helfen ließet?

BISCHOF Kann man umkehren?

BAALSCHEM Armer Mensch!

BISCHOF *flüsternd* Kann denn verziehen werden? Kann ganz verziehen werden? Ich war Richter hier... Kann dem Richter verziehen werden? Gib ein Zeichen, Rabbi!

BAALSCHEM *legt die Gebetriemen ab* Käme eines Tages ein Mensch zu dir, erzählte dir alle deine Taten und Leiden, an offener Tafel, das Öffentlichste und das Verborgenste, auch was zwischen dir und mir sich begab und noch begeben wird –

BISCHOF Wäre meine Last dann abgetragen? Was wird sich aber noch begeben zwischen dir und mir?

BAALSCHEM *legt den Gebetmantel ab* Wenn ich dir einen Boten sende, heut, morgen, wo immer er dich treffen wird, und dich zu mir bitte: so solltest du ihm folgen, und wäre es mitten in der Predigt.

BISCHOF Sei barmherzig! Tu das nicht!

BAALSCHEM Und dann geradeaus gehen, wie du bisher geradeaus gingst, Jochanan ben Meïr aus Wilna, lieber Sohn!

Bischof preßt beide Hände auf die Ohren, stürzt aus dem Raum.

BAALSCHEM *mitten im Raum stehend, beginnt eine inbrünstige Melodie zu summen und mit sparsamen, zuckenden Bewegungen gen Himmel verzückt zu tanzen* Du! Du! Du!

Dritte Szene

Platz vor einer großen Kirche, deren weiße romanische Fassade mit großem Portal den Hintergrund der Szene bildet. Links eine schön gemetzte gotische Kanzel, zu der Stufen emporführen. Gläubige Menge drängt vor der Kirche. Orgel.

Frühling und Sonne, die hell auf den weißen Steinen und dem weißen Pflaster liegt. Ein Kanon auf die Worte: »Et resurrexit.«

BISCHOF *schnell beginnend* Meine Geliebten, meine Brüder und Kinder im Herrn! Gott stieg herab zu den Menschen und stieg wiederum aufwärts in die Glorie. Die ihr dies wisset, fragt ihr nicht: warum? Seht ihr nicht, daß das Ungeheure auf dieser Erde geschah, ein Ungeheureres, als wenn die Berge um euch aufklafften bis zum Grund und das Wasser seinen Weg aufwärts nähme, als Jesus Christus sein irdisches Los auf sich nahm von Anfang bis zu Ende? Denn wahrlich, der ist gekreuzigt von Geburt an, der Mensch wird, und Gott war vorher, der in diese Lehmform des Fleisches eingeht und Geist war von Anbeginn, der Heilige Geist selbst und eines, trunken vor Seligkeit, mit Gott dem Vater. Dies ist das Geheimnis der Liebe, meine Freunde! Denn die Erbsünde auf unseren Häuptern von Adam her ist nicht, daß Gottes Gebot versehrt ward von Eva und der Schlange, sondern daß ihr Menschen seid, daß wir Menschen sind. Wir wissen nichts von der Liebe, wir elenden Tiere. Wir hängen uns an ein Weib, an eine Kunst, an Gott und nennen's Liebe. Aber wahrhaftig, der Mensch kann nicht lieben. In der Liebe des Menschen ist immer noch Moder und ein alter, geheimer, teuflischer Haß. Wer von uns wagte zu sagen, er liebe etwas oder jemanden von ganzem Herzen, ganzer Seele und all seinem Vermögen! Wer von uns ist so lauter, daß er nichts wäre als ein sich ausschüttender Quell von Freude, als ein Licht, das allen Helligkeit schenkt in seinem Kreise, als ein unwiderstehlicher Wind voll von Wohlgeruch und Balsam der Frische, als eine nur schenkende Hand, als ein jauchzendes Herz? Ach, ach, wir sind Menschen! Wir lieben die Welt, weil sie uns beschenkt, wir lieben die Tiere und die Dinge, die wir beherrschen und die uns zinsen, wir lieben die Werke, weil wir sie schaffen, wir lieben das Schaffen, weil's uns erhöht, und die Seelen, die wir leiten und regieren. Wir sind Sünder, weil wir nichts sind als Menschen und Menschenbrut. Und es mußte ein Gott kommen vom Himmel, ja Gott selbst mußte herabsteigen, zu zeigen, daß man Menschen auch lieben könne, vormachen, daß man lieben kann, wie die Mutter dem Kinde vormacht, wie es essen soll, denn von alleine wüßten wir nicht den Löffel zu halten, die Speise zu finden und sie einzuschütten in unseren hungernden Mund. Und damit wir's begriffen, mußte er Menschengestalt annehmen selber, denn sonst hätten wir ihn nimmer verstanden, wie die Mutter dem Kind in seiner Sprache lallt. Ach, ach, ach, das Herz birst mir vor Leid über den Menschen und sein Leid, und ich muß weinen wie ein Trauernder über uns, über uns, über den Menschen. *Er verbirgt das weinende Gesicht in seinem Tuch.* Oh, daß wir einander lieben könnten! Der Friede und schon auf Erden die Seligkeit wäre unser Teil. Daß wir Bruder sagen könnten und Schwester, ohne zu lügen! Denn heute lügen wir allesamt mit diesen Worten, ja, ich hier, ich Schuldiger, der zu euch Geliebte sagt und Brüder, ich zeihe mich der Lüge. Und doch bin ich ehrlich aus meines Herzens Grund und mit aller Gewalt. Es ist eine Verzweiflung in mir, die nicht erst bedarf des Jüngsten Gerichts, und wollte ich zur Hölle fahren, ich brauchte nur in mich hinabzufahren... Denn ist wo ein größerer Sünder, als der Liebe predigt und selbst nicht liebt? Der von der Quelle redet und ist die unselige Zisterne in der Wüste, der das Lichtsein lobpreist und ist selber dunkel? Trete doch einer von euch hervor und rufe mich herab, fasse sich doch einer das Herz und verjage mich von diesem angemaßten Ort über euch allen! Ich wünsche es, ich sehne mich danach, ich halte inne und warte seiner! *Schluchzen der Menge.* Ihr schweigt. Ihr blickt auf zu mir und hört euer Blut pochen in der Stille der Brust. Ihr seid demütiger als ich, der sich demütigt. So laßt ihr mich weiter zu euch sprechen? Und ich will euch den Sinn dieses Festes sagen, den ganzen Sinn, daß Gott abstieg in den Leib der Jungfrau und wiederum auffuhr gen Himmel. Er tat es um eines Satzes willen, damit ihr ihn beherzigt, um eines Wortes willen, damit ihr danach lebet, ja damit ihr Menschen euch vornehmt, nur den Vorsatz fasset mit beiden Händen, inbrünstig danach zu leben: Kindlein, liebet einander! Das ist es: Kindlein, liebet einander! Seht, daß euer Bruder, der Mensch, eine Seele hat, die nach Liebe hungert! Machet reich euer Herz und tut es auf, öffnet es weit, weit, weit... *Rabbi Simon ist unbemerkt durch die Menge bis zur Kanzel gegangen, und da der Bischof ihn nicht sieht, steigt er einige Stufen aufwärts und zupft ihn am Mantel, leise zu ihm sprechend, ohne daß man ihn hört.* Ja! Ja! Ich komme! Ich gehe mit dir! Ihr aber, meine Brüder, liebet einander! Geht österlichen Herzens heim und liebet einander! Amen, Amen. *Herabsteigend* Ich segne euch! Ich befehle euch in des Allmächtigen Schutz, der auch mich behüte. Amen! Amen!

Orgel stark. Aufbruch der Menge.

Vierte Szene

Leerer Platz. Branzoll auf der Kanzel, umherspähend; Andreas und Peter am Fuße der Treppe.

BRANZOLL Wer von euch sah den genau, mit dem Erlaucht ging?

ANDREAS Kommt herab, Branzoll! Ich vermag Euch, mit Pistolen gar, auf dieser Kanzel nicht zu ertragen!

PETER Die Erlaucht geruhte mir zu sagen, ihrer harre ein Arzt; sie geruhte auch mir zu gestatten, am Tore zu warten.

BRANZOLL Lautlosigkeit wie bei Unheil. Und diese Dauer.

ANDREAS Kommt endlich herab! Spürt Ihr denn nicht, Ihr entweiht einen Ort, auf den der Geist sich niederließ in den gewaltigsten Mund! Ich gestehe, Branzoll, ich strebte fort aus unseres Herrn Umkreis – ich weiß nicht, was mich vertrieb. Ich suchte Sammlung, Stille... Aber heut ward ich gewiß: dieser Mann ist Gottes Knecht, und wer um ihn, selig.

BRANZOLL Wenn ich nur Ohren hätte, richtige Ohren, Hundeohren! Zwischen Erlaucht und diesem Fenster ging etwas vor sich. Und nun weilt er im Hause so endlos. Leider stand ich gar zu fern, den Boten zu sehn. Wie sah er aus? Und was ist das für ein Haus?

PETER Das Haus ist der Kirche. Das Fenster da zählt aber zum Rathaus der Juden, sein Eingang rücklings in der Judengaß.

BRANZOLL Blut und Wunden! *Herabeilend* Leuchtenberg, ins Schloß! Schwadron aufsitzen lassen!

ANDREAS Unser Herr ist gefeit! Engel um ihn!

BRANZOLL Wahnsinniger, da! *Wirft ihm das Pistol hin; schnell ab.*

ANDREAS *nachrufend* Kapitän! Kapitän!

Vierter Akt

Erste Szene

Zimmer des Bischofs. Bischof allein im Lehnstuhl.

BISCHOF Ein Mörder! Und immer noch hier im Prunk... Ach, wie mir schaudert, wie mich friert mitten in der Sonne! Und jetzt weiß ich: mir war im geheimen oft zumute wie einem Mörder – nur erkannt ich's nicht... woher denn sollt ich's auch? Ja, ist mir denn jetzt nicht leichter ums Herz als je? Schwerer und leichter zugleich – das gibt's im Menschen. Ich muß bekennen, muß gestehn – wem auch immer... Daß ich mein Selbst ausziehn könnte wie ein Gewand! Der Meister ist fort, ich blieb allein... Horch auf dein Herz, sprach er. Und: wenn einer kommt und erzählt dir deine Geschichte... Ach, Herr, wann wird das sein? Schon diese Frage frevelt beinah... *Zieht die Glocke.* Was werden sie sagen? Sie werden mich fliehn.

Zweite Szene

Branzoll, Andreas, Peter treten ein.

BRANZOLL Ihr batet uns auf dem Wege zu schweigen. Erfahren wir jetzt, Erlaucht, das Geheimnis Eurer Wandlung?

BISCHOF Steht eine Wandlung auf meinem Gesicht?

ANDREAS Ich weiß nicht, mit was für Zügen, jedoch... Herr, Eure Predigt! Laßt mich Eure Hände küssen! *Er tut es.* Oh, führt uns nach Eurem Sinne!

BRANZOLL Euer Gang auf dem Wege, Erlaucht, wurde fester von Schritt zu Schritt; am Ende gingt Ihr wie ein Soldat, fast wie ein General.

BISCHOF Wohl möglich, Hauptmann, daß es zum Kampf geht. Und du, alter Peter, schweigst und siehst mich nur an!

PETER Ich denke, wenn ich nun meine Gedanken sagen soll, daß dies ein guter Arzt war, den Ihr befragtet, Hochwürden. Ich meine, Ihr seid matt und habt einen anstrengenden Trank von ihm genommen; außerdem, daß Euch auch die Predigt verrackert hat. Aber Euer Auge, Hochwürden, sieht gut aus, ziemlich fest – sicher nach Genesung.

BRANZOLL Dem Hofmedikus schwillt hoffentlich die Galle, und ein Faß Muskateller soll der Leibwacht heut noch gen Himmel fahren – et in spirito sancto, halleluja in excelsis, haha, haha!

BISCHOF Mein Arzt, dieser Jude, kam von weither.

BRANZOLL Mit Verlaub, Erlaucht: das ist Euch recht und zünftig gegönnt, daß Ihr Heilung suchen mußtet von einem Juden, heutigentags! Warum nicht den braven Doktor, haha, zum Morgenmahl braten, da ich ihn nun schon mal gefangen in aller Herrgottsfrüh?

BISCHOF Im vorigen Jahr fingt Ihr keinen. Einen Ostersamstag vorher starb Nathan von Würzburg durch das Beil. Ihm voran gingen in früheren Jahren Saul Hinker, Efraim aus Mantua und der Lehrer Gedalja; und an einem Lanzenstoß starb der fremde Greis, dessen Namen niemand wußte. Guta, die Tochter Hillel Sofers, ward irrsinnig und starb am Ostermontag; das Weib des Isaak Cohen kam zu früh nieder und starb samt ihrer Frucht. Ich denke, ich vergaß keines von meinen Opfern.

BRANZOLL Euer Gedächtnis zeigt sich festtäglich stark. Habt Ihr noch Befehle für mich, Erlaucht? Darf ich Euch alleinlassen?

BISCHOF Meinem Hauptmann graut vor meinem Gedächtnis. Und ich sehe, daß auch Andreas gern von mir ginge. Nur Peter sieht ruhig drein und rechnet mir nichts an.

PETER Mein Amt heißt: Euch dienen, nicht, mit Euch rechten!

BISCHOF Ich nämlich, meine Treuen, zähle die Toten auf – nein, ich kann's, ich kann's nicht! O Gott, so ganz verlassen! – Einen Stuhl. *Sitzt.* Es würgt mich, will herauf, bricht herauf, bricht auf – *Aufspringend* Seht einen Juden in mir selbst!

BRANZOLL *zu Peter* Den Doktor, schnell!

BISCHOF Oh, oh, es ist draußen! Tränen des Glücks, Leute,

der Erlösung! Ich bin ein Mörder! Aus Rachsucht, Andreas, aus Rache, Branzoll! Aus Raserei der Verzweiflung, weil ich loswollte vom Juden und festklebte an ihm! Festgenäht wie an einen Leichnam mit meiner Haut! Ich trat nach mir – aber es traf die Schuldlosen. Oh!

BRANZOLL *Hand am Degen* Ich eines Juden Werkzeug? *Zieht halb.* O pfui Teufel! *Stößt den Degen in die Scheide.*

ANDREAS Höllische Zunge, seid verflucht! *Er flieht zur Tür.*

BRANZOLL *ihm nach* Aufs Kreuz meines Säbels, Leuchtenberg: Erlaucht sei krank nach der Predigt, liege zu Bette!

BISCHOF Ah, und gerettet. Jetzt tritt das Wort in die Welt und wirkt.

BRANZOLL *zu Andreas* Das Volk stürmt die Tore und schlägt ihn tot. Solang er Fürst ist, deck ich sein Leben.

BISCHOF Willst du die Seele handhaben mit Politik, Branzoll?

ANDREAS Die Unwahrheit sagen, die Wahrheit verschweigen! *Schwört* Bei diesem Dämon, was lernt man nicht? *Ab.*

BISCHOF Leb wohl, Andreas... Das sagt ich schon einmal... vor Jahren? Vor Jahren...

BRANZOLL Ihr aber, den ich nicht mehr richtig anzureden weiß: mein Gefangener hier in den Zimmern, bis der Kardinal anlangt auf seiner Rückfahrt von Rom. Seid Ihr hernach noch Fürst und Bischof, so befehlt mir wieder als Obrigkeit. *Zu Peter* Und jetzt schwörst du.

PETER *am Fenster* Soll ich die Leute herbeischrein, Hochwürden, die unten spazieren?

BISCHOF *verneint stumm* Graut dir denn nicht, dem Juden zu dienen?

PETER Eure Weihen, Hochwürden, nimmt Euch kein Hauptmann und Euer christliches Herz kein Kardinal.

BISCHOF Peter! Ach, werd ich jetzt tief schlafen, Peter! Ohne Grauen, ohne Traum! Gut werden die Tage sein in der Einsamkeit. Denn nachher beginnt der schwere Weg, und, Branzoll, nicht im verborgenen... vor allem Volk! Im härenen Hemd! Aber vielleicht gibt mir der auch dazu Kraft, der den Umkehrenden beisteht bei ihrem mühevollen Tun... Eine Bitte noch, Hauptmann und Peter! Gebt mir eine Nadel, eine brennende Kerze und in einer Falle von Draht aus den Speichern eine lebende Maus. Fragt nicht, wozu. Habt Nachsicht mit mir.

BRANZOLL Peter wird Euch mit allem bedienen, auch auf sonderbare Wünsche hin. Ihr treibt doch nicht Zauberei? Ich stelle jedenfalls Wachen ans Ende der Gänge, damit Euer Schlummer beschützt sei und Eure Genesung, Kompliment, ohne Hemmnis.

Dritte Szene

Stube des Baalschem. Nachmittagslicht. Der Baalschem auf dem Lager, mehrere Jünger teils an seinem Bett, teils in der Stube umhersitzend in trauernden Stellungen, ganz vorn an der Tür Rabbi Simon, das Gesicht verborgen, nahe am Bett Rabbi David Pirkes und Rabbi Jacob Josef. Alle vier gealtert.

EIN JÜNGER Weint nicht, Reb Elje! Er hat Euch doch Gutes vorgezeichnet...

EIN JUDE *im Hinausgehen schluchzend* Gutes, ja! Hätt er mir doch vorgezeichnet, auf dem Kehricht zu sterben, wenn ich dafür ihm an Leben nur einen Monat möchte zulegen dürfen! *Ab.*

RABBI DAVID Ach, ach, nicht mehr reden! Es schneidet in mein Herz, daß Ihr Ämter verteilt, uns einsetzt!

RABBI JACOB JOSEF Weidene Zweige ohne Stamm!

BAALSCHEM Darum steck ich euch ja in Erdreich, jeden in seines... Ihr würdet grünen, Freunde – und ich, ich werde auch grünen... Bald bin ich verpflanzt in einen anderen Garten. Meine Seele, ungeduldig hienieden strebt sie hinaus, ich fühl's in der Brust, wie sie an die Wand des Eies pocht. Morgen, Seelchen, morgen. *Einige stöhnen.* Nein, nein! Ihr weint? Ach, mir ist leicht zumute! Sie will wandern, will womöglich fliegen; wie sie ein Beweger ist der Dinge, so will sie selbst nicht rasten... Simon? Komm her... Freunde, geht... Ich habe noch morgen für uns alle!

Jünger leise ab.

RABBI SIMON Meister, da bin ich... Schont Euch, pflegt Euch!

BAALSCHEM Ich habe so oft Geschichten erzählt... Hält man bei euch was vom Erzählen? Es ist viel wert... Setzt hierhin und dorthin einen Geschichtenerzähler rechter Art, einen, der von der Mitte der Dinge her erzählt, und das Land ist nicht mehr stumm, es kann zu sich kommen, mit sich zwiesprechen... Was denkst du, Simon?

RABBI SIMON Manchmal versuchte ich selbst, Eure Geschichten nachzustammeln... Mir folgt das Wort nicht...

BAALSCHEM Vielleicht fandest du das Ding noch nicht, wovon erzählen? Man kann fast nur von drei, vier Dingen recht erzählen, darüber fließt das Leben hin. Ja, manche bedürfen überhaupt nur eines Dinges für ihr ganzes Leben. Wenn ich dich ansehe, wie du hier bei mir horchst, mein ich, du seist einer davon.

RABBI SIMON Ich höre Euch zu und zittere bei Eurem heiteren Wort, denn ich denke, jedes kann Euer letztes sein, und Euer Mund verstummt.

BAALSCHEM Ei, so sprich du für ihn, wenn er's nicht mehr vermag! Komm, laß mich deine Hand fassen... Den Gegenstand wüßt ich für dich: mich selbst. Vieles sahst du mit an, vieles hörtest du berichten, meine Geschichten hast du treu gemerkt – ich weiß es, Simon. Erzähle den Leuten dies und jenes, so gut dir's vom Munde will... Und du hast mich lieb... Nicht den Leuten hier, denn die wissen's ohne dich. Aber draußen, Simon, in den Ländern, wo viele unsres Volks hingesetzt sind wie Wälder und Haine, dorthin geh. Und gib acht: wenn du bei der Wahrheit bleibst, innen redest im Gehäuse, so wird mein Mund aus deinen Geschichten sprechen und nicht stumm sein und drinnen bleiben, selbst wenn dir die Leute sie nacherzählen, und mein Mund wird um die Erde reden und durch die Zeiten dank deiner.

RABBI SIMON Meister, Meister, davon leben? Das Euer Vermächtnis für meine Tage? *Der Baalschem bejaht.* Eine Stube erhofft ich mir, darin zu lernen, ein Stück Brot, davon zu essen, Stille, Euch nachzusinnen in Sammlung...

Und nun nicht Ort und Stätte? Von Gaben leben wie ein Gaukler? Umherziehn flüchtig wie Kain? Ein bittres Leben...

BAALSCHEM Glaubst du mir, Simon? *Simon nickt.* Vertraust du mir? Gute Tage bald und ganz frohe Tage am Ende, ich seh sie für dich, Simon. Du bist noch jung, Simon, die ganze Erde zur Heimstätte dein! Du wirst mein Geschichtenerzähler sein, Simon? und gern? und wandern?

RABBI SIMON Herr! Meister! Befiehl und vergib! *Küßt ihm die Hand.*

BAALSCHEM So bist du versorgt. Das ist getan. Geh jetzt, geh... Ein wenig Schlaf... *Simon leise ab.* Nun doch vor dir scheid ich ab, Jochanan... Und wann wird er an deine Tür pochen, mein Bote, deine Geschichte in seinem Munde tragend wie das Ölblatt die Taube Noahs? »Sei kein Narr, Bischof, komm sogleich« ... *Er schweigt eine Weile, dann betend* Herr, dir ist ja von je offenbar, wie vieles in mir ruht, Erkennen und Vermögen, und kein Mensch ist, dem ich es kundtun könnte! Ach, ich bin allein! *Das Licht ist satter und goldener geworden, er schläft ein.*

Vierte Szene

Zimmer des Bischofs, nachts. Peter, Andreas leise mit einer Kerze.

ANDREAS Hörst du? Hörst du? Unheimliche Stille! Sie hält den Atem an – sie ist unnatürlich!

PETER Jetzt, um Mitternacht? Ihr seid ein Narr! – Unsre Erlaucht und Zauberei! Unser Herr und Hexenkunst! Er hat ein frömmeres Herz als der Pelikan, was viel besagen will.

ANDREAS Mich hat er behext: ich zerre an unzerreißbaren Ketten. Ich werde lächerlich vor mir selbst! Ich muß selbst sehn. Eine Maus lebend in der Falle, da. Eine Nadel, ein brennendes Licht. Ich verberge mich. Und du: bist still! *Verbirgt sich hinter den Bettvorhängen.*

PETER Ein Junker in Kutte, ein Junker ohne Kutte – ein Junker. *Ab.*

BISCHOF *im Hauskleid, setzt sich* Wär das Geheul in mir zu löschen mit dieser seligen Nachtstille! Oh, könnt ich mein Leben ungeschehen machen, meine Taten mit der Wurzel ausjäten! Das ist der Fluch auf unserm Fleisch: die Phantasie des Herzens dringt nicht sehr tief... trägt nicht hinein in fremdes Leid... Ich habe Menschen verbrennen, andre mit dem Beil umbringen lassen. Wie ist das? Was tat ich ihnen an? Was brüllte auf in ihnen? Was litten sie? Ach, in fremdes Leid einsteigen können wie in ein Kleid, das auch andere gewebt und geschneidert – und die Erde wäre wohl gerettet, oder mindestens der Mensch... Wenigstens fühlen können selber, was ich andere fühlen machte! Ein Mensch kniet vor einem Block. *Kniet vor einem Stuhle hin.* Wie erschöpft, wie ausgekämpft, wie ganz entmannt vom Tode ist er schon, um nicht zu schreien, zu zerren, zu toben! Die Hände auf den Rücken gebunden, so. Er wartet – und sein Herz muß es aushalten! –, daß ein anderer Mensch zuschlägt. Denn ein dritter, ich, hat so befohlen. Ich! Ich! An mich kann er nicht denken. Er müßte sich sonst erbrechen mitten im großen Sterben. *Kniet mit geschlossenen Augen.* Dann fährt kalt Eisen in seinen Hals – so! *Sticht sich mit der Nadel in den Nacken.* Oh, es schmerzt, aber weiter nichts. Ich tu's ja selbst, das zählt nicht mit. Das ist es nicht. Ich habe gesehn, wie höllische Verzweiflung auf den Gesichtern meiner Opfer lag. Und die Folter der Todesangst. Und die Qual der großen Hoffnung. Und der Trost des Martyriums. Wunderbar, daß es noch heute Märtyrertum gibt, in diesen voltairischen Zeiten – allerdings bei Juden...

Nein, Nadel, du hilfst mir nicht. Du gabst nur einen Stich und ein bißchen Blut... *Lächelnd* Versuch nur weiter. Kerze, komm her... Man gleitet nicht leicht von der bequemen Seite des Mordes auf die dunkle... *Sitzt.* Ein Feuer aus wilden Feuern. Eine Glut, die die Haut kräuselt, nur in der Nähe schon, und die die Haare, alle Haare knistern macht... Oh, das ist gräßlich... Es geht schon besser, der Geist nimmt Lehre an. Und nun ein Mensch, ein Mensch wie ich, ganz wie ich, ein Stück Ich, ein Stellvertreter-Ich, ein Juden-Ich... Tod und Verzweiflung... O Gott! Das Feuer, das rasende Flammentier... Und das Zuschauertier hinter mir, um mich, rundherum, Gesichter, sie, die nichts fühlen, die leben bleiben, zuschaun... Menschen! Solche Verlassenheit gibt's auf Erden! Und oben an schönen Fenstern, auf edlen Teppichen, mit Blicken ich... Oh, das ist Verzweiflung, das ist das Äußerste des Leidens: und nun, ich da unten, im Anhauch der Glut – jetzt stößt es mich ins Rasende. *Stößt seinen Finger in die Kerzenflamme.* Oh! Oh! Das erträgt man nicht, das kann kein Mensch... *Besieht seinen Finger.* Öl, das lindert. *Taucht seinen Finger ins Öl des Ewigen Lichtes.* Oh, am ganzen Körper! Alle Haut, die ein Mensch hat! Und ich, der dies veranlaßte! Das ist der Wahnsinn. Langsam geht mir auf, wie lang mein Weg sein wird... Komm zum Schluß! Dies ist ein Mäuschen; kleines Tier. Ach, wie seine blanken Augen zu beiden Seiten des zierlichen Näschens glänzen! Warte nur, halt still, gleich will ich dich umbringen mit meiner Hand. Sieh: diese Hand hat Urteile gezeichnet, sie unterschrieb Edikte. Und anderen Menschen ließ sie die Tat. Vorwärts, Hand! Nun selber Mut, nun selber! Es ist nur ein Mäuschen – aber: selber töten, Richter! Selber das Blut hervorlocken und das Leben kappen! Wie es hin und her läuft, seinen kleinen Geruch ausströmt, sich putzt. Es ist kein Mensch, Johannes, es ist eine Maus! Nichts als ein Nagetier, schädlich genannt! Vorwärts, stich's ins Gehirn! Such sein kleines Herz! Nimm es kühn aus seinem Käfig und knack ihm tüchtig das Genick! Erstick, erdrück es mit der Hand! Du gabst doch Todesurteile von dir, für Menschen wie du selbst... O Gott! Es will nicht. Ich kann es nicht... Ich bring's nicht auf. Eine Maus... Eine Maus... *Legt die Stirn auf die Arme, weinend* Menschen ließ ich töten... Man müßte jeden Richter zwingen, es selbst zu tun... *Trägt die Maus zum Fenster.* Da, lauf deiner Wege. Frißt dich Eule oder Katze, so fällst du doch in Gottes Hand... Und jetzt, laß sehn... Hier liegen sie, ich kaufte sie ein von Juden hier... Lange Riemen, große Kapseln – schöne Teffilin... Kann ich's noch? Ich kann's doch nicht mehr. Vierzig Jahre außer Brauch: es ist unmöglich. Dies hier: vor die Stirn. Und dies – wie? *Entblößt der Arm.* Laß sehn: was sagst du mir? »Binde sie zum Zeichen an deine Hand«, – so, hier, jetzt dies – »und sie seien ein Stirnband zwischen deinen Augen« – ich kann es noch – vierzig Jahre! – Ich bin daheim. *Sinkt ohnmächtig um.*

ANDREAS *tritt hervor* Wie fremd ist das – und wie heilsam. Das ist kein Mensch. Das wühlt sich fürchterlich in sich – *Er dreht sich, stöhnt.* Wozu, Jüdchen, die Probe? Du kommst doch selbst jetzt ins Gedränge! *Steigt über den Liegenden.* Peter, Peter!

Fünfter Akt

Erste Szene

Zimmer des Bischofs.

BISCHOF *allein am Fenster* Da tritt er in den Hof, der feine Franzose... O Kardinal, dich beneid ich nicht mehr um deinen Gleichmut und um die Gelassenheit deines Schlafs... Hilf ihm nur aus der Sänfte, Branzoll, du grader Geist, den ich fast liebe! Ach, leicht und schmerzlich ist mir zu Sinne! Und mein ganzer Klerus rund um ihn versammelt mit süßen Mienen. Wie werdet ihr dreinschaun, wenn er euch einruft zum geistlichen Gericht, zum endenden Spruch? Trittst du in mein Haus? Willkommen, Kardinal, mein Richter in dieser Welt! Du bringst mir nichts, was Gott nicht will.

Zweite Szene

PETER *die Tür öffnend* Die Eminenz von Flandern.

KARDINAL *in Reisekleidern* Ihr seid nicht krank? So gilt, was der Hauptmann Sonderbares erzählte? *Lächelnd* Ihr seid Gefangener, Fürstbischof, Eures biederen Soldaten?

BISCHOF Willkommen, Eminenz, willkommen als Gast und willkommen als Richter. Es gilt – in Scherz und Ernst.

KARDINAL Ich freue mich, Euch zu sehen. Freilich, anders trafen wir uns, als ich nach Rom zog; aber wie wir uns auch begegnen, wir verständigen uns gewiß. Ihr wißt, ich bin ohne Haß, und meine Jahre verbannen die Leidenschaft. Setzen wir uns und erörtern wir den Fall als Freunde und Gleiche.

BISCHOF Ihr seid sehr gütig, Eminenz. Ich rufe Euch zum Richter an, und wie die Kirche Euch mir überordnet, so will ich Eurem Spruche mich unterwerfen. *Sie setzen sich.*

KARDINAL Ihr werdet nicht erstaunen zu hören, daß, was

Euren braven Hauptmann verwirrte, uns lange bekannt ist. Ihr seid mit siebzehn Jahren in Gnesen Sohn der Kirche geworden und lebtet bis dahin als Jude in Wilna.

BISCHOF Man kennt mein Leben in Rom; wie aber Ihr, Eminenz?

KARDINAL Ihr wart mir in vieler Weise Gegenstand des Nachdenkens. Ich hatte viel Zeit auf dieser langen Fahrt. Ich fragte dort, in Rom, nach Euch und erschrak... Ihr ahnt, warum? Er lehnte zuletzt in jener Ecke! Der Stab, ja! Ihr erinnert Euch nicht, lassen wir's jetzt...

BISCHOF Darf ich Euch mit Wein bedienen? Ich muß das Ganze Euch öffnen, wie ein Verwalter dem heimkehrenden Herrn das Haus darweist. Ihr sollt wissen, daß nicht Leichtfertigkeit mich einst hierher lockte und nun dorthin; und wenn ich nun sage, ich müsse alle meine Weihen und Würden ablegen, zurückkehrend zu dem Volk, von dem ich ausging, daß die Not mich treibt und der Zwang und das unumstößliche Muß des freien Willens.

KARDINAL Seht Ihr? Seht Ihr's noch nicht? Gab ich Euch nicht jenen Stab? Unwissend und doch zu Rechte? Er strebte zu Euch hin... Begreift Ihr nun, daß ich erschrak? An Eurer Beichte ist mir viel gelegen, denn absehend von allem anderen ist die Einsicht in Seelen das wahrste Geschenk des Lebens mit Menschen, und für den Priester das nötigste. Von der Sünde der Leichtfertigen sprechen Euch frei die Falten Eurer Stirn und der Blick Eurer Augen.

BISCHOF Erlaubt Ihr mir, aufzustehen und im Gehen zu reden? Ihr kennt nur die reiche Freiheit Eurer lichten Städte nahe dem Meer und behaucht von des Meeres Atem unter dem weiten Himmel: die Städte Polens sind Euch fremd, daher ich komme. Dort ist das Düster und der Schmutz und die Armut ohnegleichen. Dort regiert eine Freiheit ohne Gesetz und ein Druck ohne Regelung, dort ist die Verzweiflung Mutter einer vernichtenden Inbrunst und die Zerstörung seiner selbst die Tochter der Sehnsucht; dort lagen die Leichen der von Kosaken Erschlagenen jahrelang unbestattet, und die Gesetze der Religion wiesen den einzigen Weg zu einem Gott, dem das Entsetzlichste nichts von Erlösung abzwang. Dort schwillt der Verstand aus den Schranken des Leibes, und alles Gefühl schlägt nach innen wie ein erstickter Brand; dort ist die Seligkeit der Welt eine Sünde, alle Befreiung kommt durch Krampf und Härte, und alle Freude wird verwiesen oder ersehnt aus einer unendlichen Ferne. So erlebte ich es, dort wuchs ich auf.

KARDINAL Meine Erschütterung beweise, daß ich Euch sehr aufmerksam zuhöre... Man weiß viel, wenn man die Heimat eines Menschen kennt; freilich müßte man es selbst sehn...

BISCHOF Begreift nur, was ich fühlte, als ich von Jesus vernahm! Ich las ganz geheim das Evangelium. Ich sah ihn in Galiläa und überall! Ich begriff, daß er, gesetzt, die Welt sei überhaupt erlösbar – und daß sie verflucht war, das, Herr, lehrte mich jeder Tag –, daß er sie erlöst hatte. Soviel Reinheit mußte göttlich sein, der Überschwang sanfter Güte, die unüberwindliche Liebe und das allergrößte Opfer: sollte es unfruchtbar sein und taub wie eine brandige Ähre? Nichts Menschliches mehr verunreinigte dieses Leben und diesen Tod. Ich sah an jedem Tage, das Gesetz riß mich in eine Öde ohne Gnade; und die Inbrunst des Gebets blieb mir antwortlos und gefolgt von schrecklicher Ermattung. Herr, wie ich mit mir rang, ganz allein, ohne Richter, ohne Pfleger! Aber die gütige Macht jenes Juden, der die Verzeihung herabbrachte, indem er, der einzig Reine, durch seine Unberührtheit alle Sünde heranzog an sich und sie vernichtete durch das Opfer, das Opfer, welches hineingriff ins Gefüge der Welt und in ihren Mittelpunkt, dieses Opfer, das der Menschenwelt ein neues und schuldloses Herz gab, diese gewaltlose Macht, die Schöpfung zu wiederholen und einen neuen Anfang zu setzen für das Dasein der Menschen – Herr, wie sollte ich widerstehen! Wo gab es eine Wahl? Wer, der ihn je erblickte, mußte ihm nicht nachfolgen? Ich folgte, ich floh, ich wurde Christ.

KARDINAL Ihr hattet ein großes Erlebnis, mein Sohn – verstattet, daß ich Euch so nenne. Ihr hattet die Erschütterung der ersten Christen, die Juden waren gleich Euch und dem Heiland folgten wie Ihr.

BISCHOF Plötzlich gab es kein Gesetz mehr wie das unsere; das Leben erschien mir ein unbegreiflich leichter Traum. Bewies das alles nicht, wie recht ich gegangen war? Der Priester wiederholte Christus, in jeder Messe spiegelte sich

Golgathas entsühnendes Geheimnis. Die Taufe nahm den Menschen auf in die Gemeinschaft, die Beichte brachte Befreiung jedem beladenen Gemüte, das Abendmahl machte ihn teilhaftig der Erlösung, die Letzte Ölung entließ ihn beruhigt vor den Richter, und zu Rom saß, eingesetzt vor ihm selbst, der Statthalter, bindend und lösend: wer war ich, daß ich nicht sollte unterliegen? Ich war weit schwächer als das wirklich Daseiende.

KARDINAL So groß erfaßtet Ihr auch die Kirche? Ihr begrifft, daß der Mensch ihrer unbedingt bedarf, seiner schwachen Natur nachfolgend?

BISCHOF *mit dem Kopfe verneinend* Ich begriff die Kirche? Ich unterlag ihrer verführenden Gewalt. Ich hatte ja nicht die Kirche gesucht, sondern die Erlösung! Nicht das für Menschen Geeignete, sondern das Unbedingte, das absolute Heil, die Gegenwart Gottes, die unmittelbare Wirkung Gottes auf den Menschen! Aber ich geriet in ihren Dienst – ganz und gar. Ich ward Priester, ich predigte, ich gab mich hin an die Wirkung, ward glücklich in der Entfaltung meiner Gaben, erblühte in große Beachtung, gewann über die Seelen Macht, und meine Inbrunst, die nicht erstarb, trug mich hoch hinauf. Und ich liebte die Welt. Ich sättigte mich ganz mit der Schönheit der Welt und der Größe des Wissens und gab mich hin an den Zauber der vollkommenen Kunst. Als ich hierher kam, glaubte ich mich ganz erfüllt und auf meinem Gipfel. Ich floß über in dieses gesegnete Land und sein unsterbliches Leuchten. Jede Brennessel, die aufstieg auf dem roten Stiel, waagerecht ausbreitend ihre zwei Blätter von Zoll zu Zoll, herabsenkend silbrige Blüten wie Gehänge von Glöckchen in zwei lieblichen Bogen, jede wahrhafte Distel, aus silbergrünem Dickicht aufhebend ihr rotblau brennendes Haupt, jeder Vogel nahm mein Herz mit hinauf gen Himmel!

KARDINAL Ja, es ist sehr selig, auf der Erde zu leben in Eintracht mit Gott, welches ist die Eintracht mit dem eignen Gemüt und Seelengrunde...

BISCHOF Da! Das ist's! Sie, sie ermangelte mir mehr von Tag zu Tag.

KARDINAL Ich wartete darauf. Ihr wundert Euch? So glaubtet Ihr, ich hätte den Anlaß dieses Gespräches ganz vergessen vor der großen Fesselung seiner besonderen Wendungen? Ich halte ihn sehr fest im Kopfe; und alles, was Ihr sprecht, gibt ihm neue und reiche Lichter. Ich habe schon einmal ein so ungewöhnliches Beisammensein gehabt wie dieses mit Euch. Wie also kehrtet Ihr um?

BISCHOF Diese Reise hierher war eine Flucht. Ich entwich hierher, sehr weit, zu ganz Fremden, über Berge und viele Flüsse.

KARDINAL Ihr glaubtet, es fänden sich keine Juden hier?

BISCHOF Ist Euch bekannt, daß ich sie schließlich ermordete?

KARDINAL Sehr abgeschmackt... Wir haben vieles auf dem Kerbholz... Diese Zeit ist nicht angetan zu brennendem Eifer, er ist meist sehr dumm, und säßet Ihr nicht in Eurem Tale, unzugänglich dem Gerücht, so hättet Ihr längst großen Schaden getan. Auch liebe ich nicht die Gewalttat und freue mich, daß die Tage der Scheiterhaufen gänzlich hinten liegen.

BISCHOF Ihnen konnte ich nicht entkommen! Ich erblickte sie am Tage, sie drangen in meine Träume, und alle Nächte lag ich auf der Folter! Ich träumte von meinen Ahnen, die Gottes Knechte und Zeugen waren, jeder auf seine Weise. Ich entstamme einem alten und edlen Hause, mein Vater. Jedes Erwachen beschimpfte mich: Überläufer, Täufling, Verräter und Abtrünniger, Schmach und Schurke! Ein Jude im Ornat des Bischofs, ein Redner der Kanzel, dessen Blut ihm zuschrie: Jude, Jude! Ah, wenn ich mir neues Blut hätte in die Adern füllen können, ich hätte das alte ausgespritzt wie einen eklen Harn. Aber vielleicht hätten dann meine Knochen sich verschworen wider meinen Willen?

KARDINAL Wünschtet Ihr, der Sohn von Knechten zu sein, und daß verwaschenes Blut Euer farbloses und weiches Fleisch genährt hätte?

BISCHOF Manchmal, manchmal! Solche Nächte! Und was für Beobachtungen auch am Tage! Ich erkannte schaudernd den Juden in meiner Art wie in einem Spiegel; und ich war's, der handelte und lebte, und ich auch, der wie ein Strom zum Meere Christi drängte, und ich, der's auf Judenart vollbrachte, und ich, der's bemerkte mit einem schwächenden Grauen in den Knien und im Nacken, und ich, der's verfluchte, und ich, der's unentrinnbar mitnahm überallhin! Leben so Menschen, zerrissen wie Wipfel im Herbst und von allen Winden verweht? O laßt mich einmal tief aufstöhnen, mein Vater, hinterdrein, wie man einem Toten Abbitte leistet, der's nimmer hört: oh, oh! Jahr über Jahr!

KARDINAL Stöhne, lieber Sohn, erleichtere dich, gemartertes Herz. Ich erkenne deine edle Art in deinem Leben und liebe sie und liebe dich.

BISCHOF Gab ich Almosen, so wie ein Jude, der jedem spendet, wissend, daß unter fünfzig Bettlern immer ein Gerechter im Elend vorspricht unerkannt – damit nicht gerade er leer ausgehe. Und die Bücher liebte ich wie ein Träumer seinen schönen Traum, der ihn trägt in ein Gefild, Heimat seiner Seele.

KARDINAL Ja, ja, nicht wahr? Die Bücher sind vielleicht die edelste Lust, und das Glück der Bücher ist wohl das tiefste und feinste für den reifen Mann.

BISCHOF Und was die andern am schwersten entbehren, die Frau, um derentwillen ihre Triebe wölfisch zerren und die Geißel auf blutige Rücken fällt – ich vergaß sie über den geistigen Dingen und ausgestreut in die Welt der Gedanken, wie der fliegende Vogel den Ast vergißt, auf dem er saß – ich litt nie um ihretwillen.

KARDINAL Glücklicher! Wahrhaftig, Ihr wißt nicht, wie zu beneiden Ihr seid und wie bedauernswert. Auch flehtet Ihr wohl nie besonders zu unsrer holden Dame Marie.

BISCHOF Mein Gebet verging vor Inbrunst zum Stammeln! Manchmal lag Moses schwere Zunge in meinem Munde! Ich rang um Gott wie Jakob! Und aus der Predigt meiner Kehle sprang manchmal, mir selbst fremd und ein seliges Entsetzen, der Donner des Amos und der Hohn Hoseas und der Jammer Jeremias und die tröstende Verheißung des großen Jesaja.

KARDINAL Ihr seid in Eurer Wut ein Sohn des Alten Bundes, eben jetzt, und Euer langer Kampf ist sehr vergleichbar dem Kampf der Richter wider das stets abfallende Volk.

BISCHOF Selbst die Rangordnung der Sünden verkehrte sich mir so, daß mich Wuchergeiz und Ausschweifung härter empörten als selbst Diebstahl und Raub.

KARDINAL Ja? Den Wucher, weil er den Juden befleckt, und die Völlerei, weil sie ihm fremd ist?

BISCHOF Brauche ich noch Jude zu werden?

KARDINAL Salve, Judaeus!

BISCHOF Darf ich ein christlicher Priester sein?

KARDINAL *seufzend* Leider nicht...

BISCHOF Dank, mein Vater, für Euren Spruch, das angenommene Geständnis und das milde Gericht! Was nun bleibt, wir wissen's beide: der Schritt wird rückwärts gegangen! Ich lechze nach der Sühne, mich hinzuwerfen vor dem Volke, vor dem ich gesündigt. Der ich sie Mord am Juden lehrte – vielleicht gebe ich Blut für Blut und Tod für soviel Tode!

KARDINAL Das glaubt Ihr ernsthaft? – Wen ruft diese Glocke?

BISCHOF Eminenz...?

KARDINAL Ah, Euern vertrauten Kammerdiener, der mich einließ und der gewiß Bescheid weiß um Euer All und Jedes. *Zieht die Glocke.* Richtet Euch darauf ein, Eure Buße anderswie zu betreiben.

BISCHOF Eminenz!

Peter tritt ein.

KARDINAL Den Pilgerstab aus der Schatzkammer – bring ihn hierher, mein Sohn!

Peter ab.

BISCHOF So soll ich pilgern, wegwandern von hier? Legt Ihr mir das auf im Namen der Kirche?

KARDINAL Ihr seht nichts als Euch, und die Kirche, was mehr gilt sie Euch denn als Vorwand Eurer Büßerlust? Ich aber nehme ihre Sache wahr, und ich befehle Euch zu schweigen! Dieser Handel wird im allergeheimsten erledigt und bei Nacht. Weder dem Volke noch der öffentlichen Welt darf ein Wort zukommen vom Juden, der Bischof ward, und vom Bischof, der Jude ward! Ich lege es Euch auf als schwerste Buße: Lebt! Und schweigt! Die Feinde des Glaubens in allen Ländern, die Anbeter der platten Vernunft, deren Gelächter uns überschüttet mit schmutzigem Hohn, werden keine Gelegenheit haben, über Euch zu schreiben in voltairischen Versen und diderotscher Prosa. Sagt, daß Ihr meinen Spruch annehmt!

BISCHOF Ich verstehe ihn! Sagte er es nicht voraus?

KARDINAL Wer sagte voraus in so unprophetischen Tagen?

BISCHOF Dies ist Geheimnis. Entschuldigt mich.

KARDINAL Mag sein; ich achte Geheimnisse. Ihr aber nehmt das neue zu dem früheren. Ich werde ein Kapitel einberufen, und alles wird ganz geheim geschehn, was nötig ist – nicht mehr. Dann werdet Ihr verreisen an einen Ort, den niemand erfährt als ich und wo man Euch nicht kennt. Dem Volke wird gesagt, Ihr seid trotz Eurer Krankheit nach Rom gerufen worden und dort verstorben. Und ich selber werde noch anordnen, ehe ich heimkehre, daß Seelenmessen gelesen werden und ein feierliches Hochamt gehalten Euch zum Gedächtnis, denn ein würdiger Toter werdet Ihr sein, ein Vorbild der Gläubigen. Ich aber werde wissen, daß irgendwo fern ein Mensch lebt, würdig, daß man seiner in Wehmut gedenke, denn ich finde Euch rein, und Ihr tut, was Ihr müßt... Lebt wohl, mein lieber Sohn! *Er geht hinaus.*

BISCHOF Ich sehe meinen Weg nicht. Ich glaubte, er sei zu Ende, aber er bog nur um. So wird er münden erst, wenn einer kommt und erzählt mir meine Geschichte. Aber ich heiße ihn gut und gebe mich in die Hand der Buße, daß sie mich leite; wohin? Überall in der Fremde wohnt Gott.

Dritte Szene

Halle im Schloß. Im Hintergrund die geöffnete Schloßkapelle. Ein Sarg aufgebahrt in der Halle. Der Bischofshut darauf. Vier Bewaffnete Wache haltend. Kerzen in Fülle. In der Kapelle leise Requiemmusik. Städter und Landleute ziehen am Sarg vorüber, bleiben in kurzem, stummem Gebet stehen und gehen ab. Zwei Pilger, maskiert und in Mänteln (der Bischof und Peter; der Bischof trägt den Pilgerstab), halten sich links vorn in der Nähe eines Vorhangs.

EIN BÜRGER Man sollt die Leich selbst eines so großen Herrn nicht unnütz ausstellen. Sie dunstet doch schon durch den Weihrauch zünftig.

EIN ANDERER Aber, aber!

EINE FRAU Traurig, Herr Nachbar, daß gar so fern und gar so schnell das Sterben auf ihn brach!

BÜRGER Was da; wer wird da seufzen; der Tod ist ein eiliger Gevatter seit Anbeginn der Welt; basta.

Alle ab. Landleute in einer Gruppe.

ERSTER Und predigen tat er gar so viel schön!

ZWEITER Und ein mildes Herz, ein echtes christliches!

ALTER Und von Steuern verstand der Euch! Gerecht, gerecht für den kleinen Mann. Wir im Grödner Tal, wir spürten's!

EIN ANDERER Grad heimisch hier in Tirol war er ja nie.

EINE FRAU Ein Welscher halt, aber ein guter. Woll uns ein Fürbitt sein am allerheiligsten Gnadenthron.

MEHRERE Amen, amen.

Gruppe ab. Die beiden Köche treten an den Sarg; beten.

ERSTER KOCH So gut wie wir kannt ihn ja keiner. Schließlich haben wir beide ihn gefüttert, du und ich, und gefüttert ist so gut wie gemacht. Ich hätt ihn nachts bei Hochgewitter am puren Gang erkannt im Halbschlaf. Was stehn dort für Maskierte herum? Ich kann das Gaunerzeug nicht riechen.

ZWEITER KOCH Pilger halt. Gelübde und Geschämigkeit. Siehst doch, daß nicht mal Bartschaben ihnen verstattet ist. Der gute Herr. Er könnt noch da sein.

ERSTER KOCH Schlechter Esser, schlechter Esser! Das schlägt halt auf die Nervenstränge.

Beide ab. Die beiden Pilger flüstern miteinander. Der Kardinal, Andreas, Domherren.

KARDINAL *schnell* Das war bei Gott nicht auszudenken! – Botschaft an einen Toten! Dies Land lebt noch vor dreihundert Jahren!
ANDREAS Versöhnung der Juden – übers Grab!
KARDINAL Man führe sie herbei! Man gebe ihnen Raum!

Der Vorsteher und neun Juden in Feierkleidern treten auf. Stille.

VORSTEHER Wir sprechen zu dem Toten hier im Sarge. Wir kommen her von den Gräbern unserer Märtyrer, die den Namen heiligten durch ihn. Wir haben ihnen angesagt, und dir, du Toter, sagen wir es an, daß ein alter Streit um Blut ist zwischen dieser Gemeinschaft und dir und daß wir Lebenden abgaben unsern Teil des Streites an unsere Zeugen in jener Welt. *Große leidenschaftliche Dankbewegung des größeren Pilgers.* Ihre Anklage sei unsere Anklage, ihr Leid sei unser Leid, ihre Verzeihung sei unsere Verzeihung. Des zum Zeugnis sprechet Amen.
DIE JUDEN Amen. Gelobt sei der gerechte Richter.
DER VORSTEHER Amen. Und es ward uns Auftrag aus der Ferne, in einem Briefe aus der heiligen Gemeinde Miedzyborz, daß dir, o Toter, in jene Welt vorausging unser Lehrer, Rabbi Israel ben Elieser, der Baalschem Tow, das Andenken des Gerechten zum Segen. Und da sein Stuhl steht bei der Herrlichkeit des Herrn, der deine aber, wo wir es nicht wissen, sagen wir's dir an, wie uns Auftrag ward. Bezeuge du dort, daß wir ihn vollzogen haben, wie ihr es bezeugt auf dieser Welt.
DIE JUDEN Wir bezeugen es mit gültigem Zeugnis.
DER VORSTEHER Amen. Und so ist kein Groll und kein Haß und keine Rache, kein Leid und kein Elend, kein Nachtragen und kein stilles Fluchen, kein Weinen und kein Zornschrei mehr zwischen dir, du Toter, und dieser Gemeinde.
DIE JUDEN Amen. Gelobt sei und gepriesen und verherrlicht der erhabene Name.
DER VORSTEHER Er sei verherrlicht: Amen!

Die Juden, sich gegen den Kardinal verneigend, ab. Stille. In ihr gehen die beiden Pilger quer über die Bühne hinter den Juden her, voran der Ältere, einst Bischof, mit dem rötlichen Pilgerstab. Der Kardinal winkt ihm einen Gruß zu. Der Pilger hebt dankend seinen Stab. Ab.

KARDINAL Ja so, ihr Herrn von heutzutage, was dünkt euch nun um Kraft im Glauben?

Glossar

der hebräischen und jiddischen Wörter und Wendungen sowie der weniger bekannten biblischen und nachbiblischen Personen- und Ortsnamen

Hinweise für den Benutzer

1. In hebräischen und jiddischen Wörtern und Namen wird *ch* immer guttural, d. h. wie in lachen, kochen, Buch usw. ausgesprochen, auch wenn es am Wortanfang steht.
2. *Kursiv* gedruckte Wörter und Namen sind im Glossar separat verzeichnet.
3. Das von den Personen in diesem Buch gesprochene Hebräisch ist das »aschkenasische« (mittel- und osteuropäische) Hebräisch, das sich von dem heute gesprochenen »sefardischen« (spanisch-westeuropäischen) Hebräisch durch die Aussprache der Vokale »o« und »au« (sefardisch: »a« und »o«) und des Endkonsonanten »-s« (sefardisch meist »-t«) unterscheidet (z. B. Bés Aulom = sefardisch: Bét Olam; korossi = sefardisch: karati).

A

Abigail	Gattin des reichen Bauern *Nabal*, bekannt durch ihre Schönheit und Klugheit, wurde nach dem plötzlichen Tod ihres Mannes von David geheiratet (1. Sam. 25).
Adonaj	Name Gottes
Adonaj schelmechai	hebräisch (eigtl. »schel kol chai« = »Herr aller Lebewesen«).
Ahab	König von Israel (ca. 874–852 v. u. Z.), führte unter dem Einfluß seiner Gattin Isebel den phönizischen Baal-Kult ein. Der Prophet *Elijahu* stellte ihn deshalb zur Rede und verkündete ihm eine mehrjährige Dürre in Israel (1. Kön. 17,1).
Akiba (Rabbi)	Rabbi Akiba ben Josef (geb. ca. 50 v. u. Z.) war der größte jüdische Schriftgelehrte des Altertums. Er nahm im Jahre 132 am Aufstand des Bar Kochba gegen die Römer teil und starb den Märtyrertod (135). Er wird noch heute vom jüdischen Volk verehrt und besungen.
Alter Bund	Bezeichnung für das Alte Testament.
Amalek	Beduinenstamm in Südpalästina, Erzfeind Israels (2. Mose 17,16 u. 5. Mose 25,17 u. 19).
Amhorez	hebräisch (eigtl. »Am ho'orez« = »Das Volk vom Land«) Unwissender in religiösen Dingen.
Ammon	Semitisches Volk östlich des Jordans. Die Ammoniter führten oft Krieg mit Israel, besonders zur Zeit Davids.
Amos	Prophet in Israel (8. Jahrhundert v. u. Z.).
apage	griechisch/lateinisch »fort mit dir!«

Aschmodai	(auch: Asmodäus) In der jüdischen Volksmythologie ein Dämon im Dienst von *Semael.*
Asrael	In der jüdischen Volksmythologie ein Name des Todesengels.
Aza	Dämon im Dienste des *Semael.*
Azael	Dämon im Dienste des *Semael.*

B

Baal Khamon	phönizisch (auch: Baal Hamon = »Herr des Weihaltars«) Höchste Gottheit Karthagos.
Baal-Peor	Gottheit im Ostjordanland, benannt nach dem Berg Peor.
Baalschem	hebräisch »Meister des göttlichen Namens«, war im Mittelalter ein Ehrentitel von jüdischen Gelehrten, die man für fähig hielt, Wunder zu tun. In neueren Zeiten trug diesen Titel nur *Israel ben Elieser,* der Begründer des Chassidismus.
Barmizwoh	hebräisch »Sohn des Gebotes«, jüdischer Junge, der das 13. Lebensjahr vollendet hat und von nun an die jüdischen »mizwot« (religiöse Pflichten und Gebote) erfüllen muß. Aus diesem Anlaß wird er in der Synagoge »zur *Thora* gerufen«, d. h. er liest einen Abschnitt aus der *Thora* vor, worauf er sich längere Zeit gründlich vorbereiten muß.
Benjamin	Gebiet des Stammes Benjamin, im Norden des Stammes Juda. König Saul kam aus dem Stamme Benjamin.
Bés Aulom	hebräisch »Ewiges Haus«, alte Bezeichnung für Friedhof.
»Binde sie«…	Teil des Gebetes *Höre Israel,* der das Anlegen der *Tefillin* betrifft.

Bundeslade	(hebräisch »Aron habrit«). In biblischen Zeiten ein hölzerner, mit Gold verzierter Schrein, der als das größte Heiligtum des Volkes galt und auch bei Kriegen mitgeführt wurde. Eine ausführliche Beschreibung findet man in 2. Mose 25,10–22.

C

Chaldäa	In biblischen Zeiten der Süden Babyloniens, der von dem aramäischen Volksstamm der Chaldäer bewohnt war.
Chasen	hebräisch »Chasan«, Vorbeter in der Synagoge.
Cherub	hebräisch (Plural: Cherubim). Engelhaftes Wesen, halb Mensch, halb Tier; im Alten Testament die Bewacher des Paradieses.
Christenblut	»Christenblut für Ostern« – die traditionelle Verleumdung, die bis ins 20. Jahrhundert hinein vorgebracht wurde und zu Ritualmordprozessen führte.

D

dawnen	jiddisch »beten«
Deborah	*Abigail* wird hier mit der berühmten Richterin Deborah, der »Mutter in Israel« (Ri 5,7), verglichen.

E

Edom	Ein mit den Israeliten verwandtes kriegerisches Volk im Süden Palästinas, zwischen dem Roten und dem Toten Meer, das aber immer mit Israel verfeindet war. Es gab häufige Konflikte.
Elijahu	(auch Elija, Elias) Der populärste, von Legenden umwobene Prophet Israels, der seit biblischen Zeiten als Verkünder des Messias erwartet wird. Elijahu mußte vor dem König *Ahab*, den er wegen seines Verhaltens getadelt hatte, in die Wüste fliehen und hielt sich am Bach Kerit, östlich vom Jordan, auf, wo er von Raben mit Brot und Fleisch versorgt wurde (1. Kön. 17,1–6).
Elohim	hebräisch. Das allgemein (auch im modernen Hebräisch) gebräuchliche Wort für Gott. Elohim ist die Pluralform von El, das aber seltener verwendet wird.
Epiphanes	Antiochus IV. Epiphanes, syrischer König (175–164 v. u. Z.). Wollte Judäa mit Gewalt hellenisieren und löste dadurch den Aufstand der Makkabäer aus. Mit den »Kindern« sind die Söhne des Priesters Mattathias gemeint (Juda Makkabäus, Simon und Jonathan), die den Aufstand anführten.
Erez Israel	hebräisch »Das Land Israel«. Bis 1948 Name für Palästina.
Esterka	Ungarische Diminutivform für Esther.

G

Galuth	hebräisch »Exil«, »Diaspora«.
Gebetmantel	s. *Tallis.*
Gebetriemen	s. *Tefillin.*
Ge-Hinom	hebräisch-griechisch »Gehinnom« = »Tal des Hinnom«. Tal bei Jerusalem, wo dem *Moloch* Opfer dargebracht wurden; daher Bezeichnung (auch im modernen Hebräisch) für Hölle (Gehenna).
Gemauschel	Unverständliche Sprache (s. *Mauschelwort*)
Gnesen	polnisch »Gniezno«. Stadt östlich von Posen, Erzbistum.
Goi	hebräisch »Goj« (Mehrzahl »Gojim«) = »Volk, Nation«. Wird heute vor allem im Jiddischen in der Bedeutung von »Nichtjude« gebraucht.
Goiel	Dämon im Dienste des *Semael.*
Golgatha	hebräisch/griechisch »Golgotha« = »Schädelstätte«. Hügel bei Jerusalem, wo Christus gekreuzigt und bestattet wurde.
Goliath, Goljat	Der riesenhafte Philister, der von David erschlagen wurde (1. Sam. 17).

H

Habel	hebräisch (Hewel = Abel), Adams Sohn, der von seinem Bruder Kain erschlagen wurde (1. Mose 4).
Hagada	hebräisch »Haggada« = »Erzählung«. Das Gebetbuch für das häusliche *Peßach*fest, das den Auszug der Israeliten aus Ägypten schildert. Die Haggada ist meist künstlerisch ausgestattet, besonders für die Kinder.
Hazadikim...	(hebräisch) s. Übersetzung des Rabbiners auf Seite 114.

Hephep, hep hep!	Antisemitischer Spottruf, erstmals 1819 in Würzburg bei Ausschreitungen gegen Juden, um gegen ihre Emanzipation zu protestieren. Angeblich sind es die Anfangsbuchstaben des lateinischen Satzes »Hierosolyma est perdita« (»Jerusalem ist verloren«) oder auch Nachahmungen des Zurufs an Zugtiere und Ziegen, besonders in Franken.
»Höre, Israel«…	hebräisch »Schĕma Israel«. Bekenntnis des jüdischen Volkes zum einzigen Gott (5. Mose 6,4–9). Es ist im täglichen Morgen- und Abendgebet enthalten. Die ersten Worte sind seit biblischen Zeiten ein Hilferuf zu Gott und das letzte Gebet eines Sterbenden.
Hosea	Prophet Israels

I

Igrath	(auch Agrath). Weiblicher Dämon im Dienste des *Semael,* Tochter der Dämonin *Machlath.*
Isai	hebräisch »Jischai«, griechisch »Jesse«, der Vater Davids.
Isebel	phönizische Prinzessin aus *Sidon,* Gemahlin des Königs *Ahab,* den sie veranlaßte, den Baal-Kult in Israel einzuführen (1. Kön. 16,31). In der Bibel ist Isebel der Typ des bösen Weibes.
Israel ben Elieser	Genannt *Baalschem* Tow (»der Gute« – ca. 1700–1760). Von zahlreichen Legenden umwobener Schriftgelehrter und Wunderheiler in Podolien (Ukraine). Begründer des Chassidismus, einer mystisch-religiösen Bewegung, die Gläubigkeit und Lebensfreude verbindet.

J

Jabes Gilead	Stadt in Ostjordanien, wo König Saul die *Ammoniter* besiegte. Dort wurde er auch ehrenvoll bestattet. (1. Sam. 11; 1. Sam. 31.)
Jahwe	Biblischer Name für Gott.
wie Jakob	Anspielung auf Jakobs Kampf mit dem Engel (1. Mose 32,24–29).
Jeremiah	Prophet Israels.
Jeruschalajim	hebräisch »Stadt des Friedens« = »Jerusalem«. Zum Abschluß der häuslichen Feier am 1. Abend des *Peßach*-Festes singen alle Teilnehmenden »Nächstes Jahr in Jerusalem!«
Jesaja	Prophet Israels.
Jizchok	hebräisch Isaak. Jizchok ist die aschkenasische, Jizchak die sefardische Form.
Jomkippur	hebräisch »Jom Kippur« = »Versöhnungstag«, Buß- und Fasttag, höchster jüdischer Feiertag.
Jonathan	Sohn des König Saul, treuer Freund Davids. Er fiel zusammen mit seinem Vater in der Schlacht bei Gilboa gegen die Philister (1. Sam. 31,1–4).
Joschua	Josua, der Nachfolger des Moses, der die Eroberung des Gelobten Landes (Kanaan) begann.
Josef	Josef hatte von seinem Vater Jakob einen bunten Rock als Geschenk bekommen (1. Mose 37,3).
Judenschul	s. *Schul*
jüdisch unterschreiben	Mit seinem hebräischen Namen unterschreiben. Jeder gläubige Jude hat außer seinem amtlichen Namen einen hebräischen, der nur in der Synagoge beim Aufruf zur Thora gebraucht wird. Er setzt sich zusammen aus einem Vornamen, dem Worte »Ben«

	(Sohn des) und dem Vornamen des Vaters.
Jüdischkeit	jiddisch »Jüdischer Glaube«, »Judentum«.

K

Kaddisch	aramäisch »heilig«. Tägliches Gebet zur Erinnerung an die Toten.
Kaftan	persisch-arabisch »Obergewand«. Langer enger Mantel der orthodoxen Juden.
Kaleb	Einer der 12 Kundschafter, die Moses ins Gelobte Land schickte (4. Mose 13). Seine Nachkommen (die Kalebiter) bildeten einen eigenen Stamm innerhalb des Stammes Juda und siedelten sich in Hebron und seiner Umgebung an.
Kanaan	Name Palästinas vor der Eroberung durch die Israeliten.
Kelippa	hebräisch »Schale«; »Unreinheit«. In der jüdischen Mythologie des Mittelalters (genannt Kabbala = Überlieferung) »die Macht des Bösen«.
Kenitin	Anspielung auf Jael, vom arabischen Stamm der Keniter (abgeleitet von Kain). Jael gewährte dem kaananitischen Feldherrn Sissera, der von den Israeliten verfolgt wurde, Zuflucht in ihrem Zelt, ermordete ihn aber im Schlaf (Ri. 4,17–22).
Kiddusch	hebräisch »Heiligung«. Gebet und Segensspruch über einen Becher Wein, gesprochen am Vorabend des Sabbat oder eines Festtages, sowohl in der Synagoge am Schluß des Gottesdienstes als auch zu Hause vor der Abendmahlzeit.
Kukuruz	türkisch »kukurus« = Mais

L

Leopoldstadt — Der 2. Bezirk der Stadt Wien, in welchem bis 1938 viele Juden wohnten.

Leuchter — für die Sabbatkerzen (s. *Lichterzünden*).

Levjatan — hebräisch »livjatan« = »Seeungeheuer«, »Walfisch« Leviathan. Nach der jüdischen Volksmythologie wird in der messianischen Zeit der Leviathan als Fischspeise zubereitet und den Gerechten im Jenseits vorgesetzt, zusammen mit dem Fleisch eines wilden Stieres (*Schorabor*).

Lichterzünden — Am Vorabend des Sabbats oder eines jüdischen Feiertags werden zwei Kerzen angezündet, die den Beginn des Sabbats oder des Feiertags anzeigen.

Lilith — Weiblicher Dämon. In der jüdischen Mythologie des Mittelalters (Kabbala) ist sie die Partnerin *Semaels* und Königin der Mächte der Finsternis.

M

Machlath — Weiblicher Dämon im Dienste des *Semael*.

Maon — (auch: Beth Maon) Biblische Stadt in Judäa, in der Nähe von Tiberias, Wohnsitz *Nabals*.

marranisch — Die Marranen (spanisch: »Marranos« = »Schweine«, »Lumpen«) waren spanische und portugiesische Juden, die im 14. und 15. Jahrhundert so genannt und zwangsgetauft wurden, aber heimlich dem Judentum treu blieben. Die Inquisition verfolgte sie grausam; Zehntausende starben auf dem Scheiterhaufen. Viele von ihnen flohen aus Spanien und ließen sich in

	Frankreich, England, Holland und Südamerika nieder.
Maschiach	hebräisch »Gesalbter« = Messias, Erlöser.
Mauschelwort	Unverständliches Wort. Das Verb »mauscheln« (reden wie Moscheh = Moses, d. h. unverständlich bzw. jiddisch sprechen) wird meist von Nichtjuden zur Verhöhnung der jiddischen Sprache gebraucht.
Mauze	jiddisch, von hebr. »mozi« = »hervorbringen«. Segensspruch über Brot vor der Mahlzeit am Sabbat und an Feiertagen (»Gelobt sei Gott, der Brot aus der Erde hervorbringt«).
Mazzo	hebräisch (Mehrzahl: »Mazzos«; jiddisch »mazzes«). Ungesäuertes Fladenbrot, das Juden am Osterfest *(Peßach)* verzehren – in Erinnerung an das Brot, das die Israeliten nach dem Auszug aus Ägypten in der Wüste aßen (2. Mose 12,39).
Mecheln	(flämisch Mechelen) Stadt in der belgischen Provinz Antwerpen, Sitz des Erzbischof-Primas von Belgien.
Melkarth	phönizisch »König der Stadt«. Höchste Gottheit in Tyrus.
Miedzyborz	Stadt in Podolien (Ukraine), Wohnsitz von *Israel ben Elieser* (*Baalschem* Tow), »Metropole« der mystisch-religiösen Bewegung des Chassidismus.
Milkom	Hauptgott der *Ammoniter*
Min hamezar korossi jo.	hebräisch. »In der Bedrängnis rief ich Gott…« (Beginn von Ps. 118,5)
Moab	Volk im Süden des Ostjordanlands (Moabiter); oft im Krieg mit Israel, besonders mit David.
Moloch	Altsemitischer Gott, dem angeblich Menschenopfer dargebracht wurden. Das Wort bekam später die

Bedeutung »grausame, unersättliche Macht«.

Moriah — Der Berg, auf dem Abraham seinen Sohn Isaak opfern sollte. Ein Engel *(Cherub)* verhinderte die Tötung; statt dessen wurde ein Widder geopfert (1. Mose 22).

Moscheh — hebräisch »Moses«

Moscheh ben Jossef Scharf — »Moscheh, Sohn des Jossef Scharf«. Normalerweise wird beim hebräischen Namen, der nur in der Synagoge gebraucht wird, der Familienname fortgelassen – nur der Vorname des Vaters wird genannt. Moscheh ist auch der hebräische Name für Moritz.

»Moses schwere Zunge« — Anspielung auf Moses Sprachfehler (2. Mose 4,10).

N

Naama — Weiblicher Dämon im Dienste des *Semael*.

Nabal — Ein reicher, geiziger Bauer in der Stadt *Maon* (Judäa). Sein Konflikt mit David wird durch Vermittlung seiner Frau *Abigail* beigelegt (1. Sam. 25).

Noahs Taube — Als Noahs Arche nach der Sintflut auf dem Berg Ararat gestrandet war, schickte er mehrmals eine Taube zur Erkundung aus. Beim zweiten Mal kam sie mit dem Blatt eines Ölbaums im Schnabel zurück – so erfuhr Noah, daß die Erde nicht mehr überflutet war (1. Mose 8,11).

O

»O Ewiger...« – Beginn des wichtigsten Teils der täglichen Gebete, der stehend und mit leiser Stimme gesprochen wird. Er enthält 18 Abschnitte und wird deshalb »Schĕmoneh Esreh« (Achtzehn) oder auch »Amidah« (Stehen) genannt. Die abschließenden Worte sind: »Sprechet Amen!«.

Oleinu – hebräisch »Olénu leschabéach« = »lasset uns preisen«. Beginn eines hymnischen Gebets zu Ehren Gottes, das am Ende des täglichen Gottesdienstes (vor dem *Kaddisch*) gesprochen wird.

P

Peßach – hebräisch. Das jüdische Osterfest, das zur Erinnerung an den Auszug der Israeliten aus Ägypten gefeiert wird. Es dauert 7 Tage; am ersten Abend wird nach dem Gottesdienst die traditionelle *Seder*-Feier abgehalten. Das Wort »Peßach« kommt vom Verb »passach« (»übergehen«, »verschonen«), denn Gott »verschonte die Häuser der Israeliten in Ägypten, als er die Ägypter schlug« (2. Mose, 12,27). (s. auch *Hagada, Mazzo, Sseder, »Was unterscheidet...?«*)

Pfefferkorn (Jacob) – (eigtl. Johannes Joseph Pfefferkorn, 1469–ca. 1521). Jüdischer Renegat. Trat 1505 zur katholischen Kirche über und forderte – zusammen mit den Dominikanern – die Vernichtung des *Talmuds* und aller religiösen hebräischen Bücher. Sein Unternehmen scheiterte am Widerstand der deutschen Humanisten, insbesondere des Hebraisten Johannes Reuchlin.

Pirke Owaus (sprich: pirké) hebräisch. »Sprüche der Väter«. Ethnische Lebensregeln der großen jüdischen Weisen (»Väter«) vom 3. Jahrhundert v. u. Z. bis zum 3. Jahrhundert n. u. Z. Sie sind Teil der hebräischen Liturgie.

Q

Quemadro spanisch (quemadero) = »zum Feuertod verurteilt«

R

Rabbi hebräisch »mein Herr«, »mein Lehrer« (Mehrzahl »Rabbonim«). Ehrentitel für jüdische Schriftgelehrte. »Rabbénu« (hebr. »unser Herr«, »unser Lehrer«) ist der Titel einiger weniger großer Persönlichkeiten, insbesondere Moses (»Moscheh Rabbénu«).

Rabbiner Akademisch ausgebildeter Geistlicher, der oft offizielle Funktionen innerhalb einer jüdischen Gemeinde ausführt (Ehetrauungen, Seelsorge, Gemeindevorstand u. a.).

Rama hebräisch »Hügel«, Grenzfestung zwischen Israel und Judäa, Wohnsitz des Propheten und Richters Samuel.

Reb jiddisch, von hebräisch »raw« = »Oberster«, »Meister«, auch »Herr...« (vor einem Personennamen). Höfliche Anrede für Respektspersonen.

Rebbe jiddisch »Rabbiner«

Reguel	Moses Schwiegervater (2. Mose 2,18). Bekannter unter dem Namen Jethro.

S

Samdon	Dämon im Dienst des *Semael.*
Sariel	Dämon im Dienst des *Semael.*
Schabbos	hebräisch Schabbath, jiddisch Schabbes = Sabbat.
Schammes	jiddisch (von hebräisch »Schammasch« = Diener), insbesondere Synagogendiener, der wichtige Aufgaben zu erfüllen hat.
schächten	Zum Verzehr erlaubte Tiere gemäß den jüdischen Speisevorschriften schlachten. Die Tötung des Tieres wird von einem qualifizierten »Schächter« (hebräisch »Schauchet«) vorgenommen.
Schechina	hebräisch »die Gegenwart Gottes«
Schelomoh	(Schlomoh) hebräisch »Salomo«
Schewuos	hebräisch »Wochen«. Das jüdische »Wochenfest«, das sieben Wochen nach *Peßach* gefeiert wird. Ursprünglich als Fest der Erstlingsfrüchte, dann hauptsächlich als Fest der Gesetzgebung am Berge Sinai gefeiert.
Schiwe sitzen	jiddisch (von hebräisch »schiwa« = »sieben«), um einen Verstorbenen trauern. Während der ersten sieben Tage nach der Bestattung eines nahen Verwandten bleiben die Trauernden im Haus, unterlassen jede lukrative Arbeit und sitzen auf der Erde oder auf niedrigen Schemeln. Verwandte und Freunde besuchen die Trauernden, und es werden Gebete gesprochen.

Da Josef Scharfs Sohn Moritz nicht gestorben ist, kann der *Rabbiner* die Absicht des Vaters, »Schiwe zu sitzen«, formal nicht billigen.

Schorabor – (Schor habor) hebräisch »wilder Stier«, dessen Fleisch den Gerechten im Jenseits als Speise vorgesetzt wird (jüdische Volksmythologie – s. auch *Levjatan*).

Schul – jiddisch »Synagoge«. Das Wort »Judenschul(e)«, das schon von Martin Luther als Bezeichnung für die Synagoge verwendet wurde, wird seither nur von Nichtjuden zur Verunglimpfung des jüdischen Gottesdienstes gebraucht.

Seher – Prophet (Samuel)

Semael – (Samael, Sammael). In der nachbiblischen jüdischen Mythologie ist Semael gleichbedeutend mit Satan. Mit seiner Partnerin *Lilith* herrscht er über eine Schar von männlichen und weiblichen Dämonen (s. S. 149).

Semhazai – Dämon im Dienst des *Semael.*

Seraph – hebräisch (Mehrzahl »Seraphim«). In der nachbiblischen Mythologie sind die Seraphim Engel, die den göttlichen Thron umgeben.

Sidon – Phönizische Hafenstadt im Südlibanon. Heute Saida.

Spinoza – Baruch Spinoza (1632–1677), jüdischer Religionsphilosoph. Lebte in Amsterdam und Den Haag. Er war ein Nachkomme der *Marranen.* 1656 wurde er wegen seiner »häretischen« Ansichten von der jüdischen Gemeinde exkommuniziert. Sein Hauptwerk »Ethik« erschien erst nach seinem Tode.

Sseder — hebräisch (seder = »Ordnung«). Bezeichnung für die häusliche Zeremonie am ersten Abend des *Peßach*festes, die vor und nach dem Abendmahl in einer genau vorgeschriebenen Ordnung, begleitet von schönen Liedern, stattfindet (»Seder-Abend«).

Striezel mit Mohn — Gemeint ist das Sabbat-Weißbrot (Challah), das eine längliche, geflochtene Form hat.

T

Tallis, Tallith — hebräisch »Gebetmantel«, »Gebetschal«. Ein weißes Tuch aus Seide oder Baumwolle, mit einigen blauen Streifen und weißen sogenannten Schaufäden. Der Tallis wird zum Morgengottesdienst getragen, und zwar nur von männlichen Personen. Jugendliche legen meist nur einen Gebetschal an.

Talmud — hebräisch »Studium«, »Belehrung«. Sammlung von Vorschriften, Überlieferungen und Bibelkommentaren, die sämtliche Lebensgebiete umfassen. Der Talmud wurde im Laufe von fast tausend Jahren von den jüdischen Gelehrten des Altertums in Babylon und Jerusalem geschaffen und etwa 500 n. u. Z. abgeschlossen. Er ist neben der Bibel das Hauptwerk des Judentums.

Tefillin — hebräisch tefillah = »Gebet«. Gebetriemen mit zwei ledernen Kapseln, die beim täglichen Morgengebet (außer am Sabbat) am linken Arm und auf der Stirn angelegt werden. Die Kapseln enthalten vier Bibelabschnitte. Der Brauch geht zurück auf 5. Mose 6,8.

Thomiel — Dämon im Dienst des *Semael.*

Thora — hebräisch Tora = »Lehre«. Die fünf Bücher Mose. Für den Gottesdienst werden sie auf eine Pergamentrolle geschrieben, in einen dekorativen Mantel gehüllt und im Thoraschrein aufbewahrt. Jede Woche (besonders am Sabbat und an Feiertagen) wird ein Abschnitt vorgelesen; im Laufe eines Jahres ist die Lesung der gesamten Thora vollendet.

Tisza Eszlar — Stadt in Ungarn. 1882 fand dort ein Ritualmordprozeß gegen mehrere Juden statt, der mit einem allgemeinen Freispruch endete.

Totenkittel — Gemeint ist der Gebetmantel *(Tallis),* in den ein gläubiger Jude nach dem Tode eingehüllt wird.

Türken — Palästina gehörte 400 Jahre lang (von 1517 bis 1917) dem Osmanischen Reich an, bevor es im Ersten Weltkrieg von den Engländern erobert wurde. Am 8. Dezember 1917 zog General Allenby an der Spitze seiner Truppen in Jerusalem ein.

V

Vorbeter — (auch *Chasen* genannt). Betet der Gemeinde in der Synagoge die einzelnen Gebete vor, die dann von den Anwesenden wiederholt werden. Der Vorbeter ist gewöhnlich ein guter Sänger (daher auch »Kantor« genannt). In größeren Synagogen wird er oft von einem Chor begleitet.

»Was unterscheidet diese Nacht ...?« (hebräisch »ma nischtánu haláila hasä́«) »Was unterscheidet diese Nacht von allen anderen Nächten?« Beginn der vier Fragen, die am ersten Abend des *Peßach*festes (am *Seder*abend) von den Jüngsten am Familientisch gestellt werden. Alle Anwesenden lesen daraufhin in der *Haggada* die Schilderung des Exodus, die mit den Worten beginnt: »Sklaven waren wir beim Pharao in Ägypten ...«

Wilna Stadt in Litauen, war seit dem 18. Jahrhundert ein Zentrum jüdischer Gelehrsamkeit. 1920 polnisch, 1941–1944 von deutschen Truppen besetzt. Von 80000 Juden überlebten 1500 den Zweiten Weltkrieg.

Arnold Zweig

Das Beil von Wandsbek
Roman
Band 2069

Einsetzung eines Königs
Roman
Band 5913

Erziehung vor Verdun
Roman
Band 1523

Die Feuerpause
Roman
Band 5912

Junge Frau von 1914
Roman
Band 1335

Novellen um Claudia
Roman
Band 5877

Soldatenspiele
Drei dramatische Historien
Band 5914

Der Streit um den Sergeanten Grischa
Roman
Band 1275

Traum ist teuer
Roman
Band 5876

Die Umkehr
Jüdische Dramen
Band 5915

De Vriendt kehrt heim
Roman
Band 5785

Westlandsaga
Eine Chronik
Band 5835

Die Zeit ist reif
Roman
Band 5827

Novellen
2 Bände:
9127/9128

Essays
Erster Band:
Literatur und Theater
Mit einem Vorwort von Wilhelm von Sternburg
Band 9129

Zweiter Band:
Krieg und Frieden
Mit einem Vorwort von Wilhelm von Sternburg
Band 9130

Wilhelm von Sternburg (Hg.)
Materialien zu Leben und Werk
Über Arnold Zweig
Band 6876

Fischer Taschenbuch Verlag

fi 122/8

Lion Feuchtwanger

Erfolg
Roman. Band 1650

Die Geschwister Oppermann
Roman. Band 2291

Exil
Roman. Band 2128

Jud Süß
Roman. Band 1748

Goya
Roman. Band 1923

Die häßliche Herzogin Margarete Maultasch
Roman. Band 5055

Die Jüdin von Toledo
Roman. Band 5732

Jefta und seine Tochter
Roman. Band 5730

Simone. Band 2530

Ein Buch nur für meine Freunde
Eine Auswahl aus den Essays. Band 5824

Heinrich Heines »Rabbi von Bacherach«
Eine kritische Studie
Band 5868

Der Teufel in Frankreich
Erlebnisse. Band 5918

Josephus-Trilogie
Bd. 1: **Der jüdische Krieg**
Roman. Band 5707
Bd. 2: **Die Söhne**
Roman. Band 5710
Bd. 3: **Der Tag wird kommen**
Roman. Band 5711

Die Füchse im Weinberg
Bd. 1: **Waffen für Amerika**
Roman. Band 2545
Bd. 2: **Die Allianz**
Roman. Band 2546
Bd. 3: **Der Preis**
Roman. Band 2547

Die Brüder Lautensack
Roman. Band 5367

Der falsche Nero
Roman. Band 5364

Narrenweisheit oder Tod und Verklärung des Jean-Jacques Rousseau
Roman. Band 5361

Panzerkreuzer Potemkin
Erzählungen. Band 5834

Das Haus der Desdemona
oder Größe und Grenzen der historischen Dichtung. Band 5708

Fischer Taschenbuch Verlag

Verboten und verbrannt / Exil

Alexan
Mit uns die Sintflut
Fibel der Zeit
Band 5129

Theodor Balk
Das verlorene Manuskript
Band 5179

Hans Beckers
Wie ich zum Tode verurteilt wurde
Band 5967

Leonhard Frank
Von drei Millionen drei
Roman
Band 5187

Alexander Moritz Frey
Die Pflasterkästen
Band 5101

Hellmut von Gerlach
Von Rechts nach Links
Band 5182

Hermann Grab
Der Stadtpark
und andere Erzählungen
Band 5951

Martin Gumpert
Dunant
Der Roman des Roten Kreuzes
Band 5261
Der Geburtstag
Roman
Band 5954

Alfred Kantorowicz
Exil in Frankreich
Band 5957
Spanisches Kriegstagebuch
Band 5175

H. W. Katz
Die Fischmanns
Roman
Band 5955
Schloßgasse 21
Roman
Band 5106

Hans Keilson
Das Leben geht weiter
Roman
Band 5950

Alfred Kerr
Die Diktatur des Hausknechts und Melodien
Band 5184

Egon Erwin Kisch
Geschichten aus sieben Ghettos
Band 5174

Fischer Taschenbuch Verlag

fi 118 / 6a

Verboten und verbrannt / Exil

Werner Lansburgh
Strandgut Europa
Erzählungen aus dem Exil 1933 bis heute
Band 5377

Heinz Liepman
Das Vaterland
Band 5170

Robert Lucas
Teure Amalia, vielgeliebtes Weib
Briefe des Gefreiten Adolf Hirnschal
Band 5177

Konrad Merz
Ein Mensch fällt aus Deutschland
Band 5172

Ernst Erich Noth
Weg ohne Rückkehr
Roman
Band 5952

Rudolf Olden
Hitler
Band 5185

Carl von Ossietzky
Rechenschaft
Publizistik aus den Jahren 1913–1933
Band 5188

Karl Otten
Torquemadas Schatten
Band 5137

Theodor Plievier
Der Kaiser ging, die Generäle blieben
Roman
Band 5171

Gustav Regler
Im Kreuzfeuer
Band 5181

Nico Rost
Goethe in Dachau
Band 5183

Alice Rühle-Gerstel
Der Umbruch oder Hanna und die Freiheit
Roman
Band 5190

Wilhelm Speyer
Das Glück der Andernachs
Roman
Band 5178

Adrienne Thomas
Die Katrin wird Soldat
Roman
Band 5265
Reisen Sie ab, Mademoiselle!
Roman
Band 5956

Paul Zech
Deutschland, dein Tänzer ist der Tod
Band 5189

Fischer Taschenbuch Verlag

fi 118 / 7b

EXIL

Literarische und politische Texte aus dem deutschen Exil 1933–1945

Herausgegeben von Ernst Loewy
unter Mitarbeit von Brigitte Grimm,
Helga Nagel und Felix Schneider

Diese Dokumentation über das literarische Exil während der NS-Zeit bringt insgesamt 230 ungekürzte Texte (vom Gedicht zum Romankapitel, von der politischen Rede zum Offenen Brief) von hundert verschiedenen Autoren – von prominenten wie fast vergessenen, auf die sie vor allem aufmerksam machen möchte.

Band 1
Mit dem Gesicht nach Deutschland
Fischer Taschenbuch Band 6481

Band 2
Erbärmlichkeit und Größe
Fischer Taschenbuch Band 6482

Band 3
Perspektiven
Fischer Taschenbuch Band 6483

Fischer Taschenbuch Verlag

fi 57 / 2